SCM

Stiftung Christliche Medien

Der SCM Verlag ist eine Gesellschaft der Stiftung Christliche Medien, einer gemeinnützigen Stiftung, die sich für die Förderung und Verbreitung christlicher Bücher, Zeitschriften, Filme und Musik einsetzt.

Internet: www.scm-verlag.de; E-Mail: info@scm-verlag.de

Umschlaggestaltung, Designkonzept & Satz: andreastesch_design, Stuttgart
Bildnachweis: Jens „der Hai“ Heiland; iStock (S. 24, 34, 38, 62, 90, 106)
Druck und Bindung: Finidr s.r.o.
Gedruckt in Tschechien
ISBN 978-3-7893-9794-3
Bestell-Nr. 629.794

GRILLEN MIT HERZ & FEUER

GRILLMEISTER
DÄN KLEIN

SCM

Für Joko –
meinen kleinen Koch

INHALTSVERZEICHNIS

»GUTES ESSEN UND ZEIT – DIE BESTE ART, FREUNDSCHAFT ZU FEIERN.«

DÄN KLEIN

WILLKOMMEN IN DER DER MÄNNERDOMÄNE

Der Grill scheint die letzte Insel der Männlichkeit zu sein. Dort schwingt der Mann das Zepter, dort zieht er sein Schwert, um die Sippe zu verteidigen und durchzubringen. Am Grill kann der Mann Feuerwehrmann, Ernährer, Entertainer und Weltretter in einem sein. Dort wird gelacht, geredet und philosophiert. Dort, wo es um die Wurst geht, ist Mann dran am Leben, am Puls der Zeit, mittendrin in den Siegen und Niederlagen des Alltags. Und genau dort, wo es heiß wird, dort, wo die Steaks und das Leben gewendet werden, will dieses Buch auf vierfache Weise das Miteinander von Männern (und Frauen) bereichern.

„Grillen mit Herz und Feuer" will einladen zum FEIERN. Es ist wichtig, sich in den Herausforderungen des Alltages immer wieder paradiesische Rückzugsorte zu gönnen. Inmitten des Graus einmal mit Freunden, Nachbarn, Kollegen ... ungezwungen lachen, fachsimpeln, alle viere von sich strecken, gemeinsam das Glas oder die Flasche zu erheben und sich und das Leben zu feiern im Sinne von Teresa von Ávila: „Wenn Rebhuhn, dann Rebhuhn – wenn Fasten, dann Fasten."
„Grillen mit Herz und Feuer" will anregen zum GENIESSEN. Genießen ist eine Form der Bewusstseinserweiterung, denn ich nehme wirklich wahr, was Gott uns schenkt. In einer Zeit, in der auch unsere Ernährung von der Maxime „Schneller, höher und weiter" bestimmt wird, ist dies dringend geboten. Die Lektüre setzt einen Schwerpunkt auf die Qualität der Produkte, auf Klasse statt auf Masse, den nachhaltigen Umgang mit Tieren. Es ist sozusagen eine praktische Einladung nach dem Motto: „Klappe halten, um zu schmecken."
„Grillen mit Herz und Feuer" will anstoßen zum DANKEN. In Sirach 30 heißt es: „Gib deine Seele nicht der Traurigkeit hin, und betrübe dich nicht selbst mit deinen eigenen Gedanken. Denn ein fröhliches Herz ist des Menschen Leben, und seine Freude verlängert sein Leben." Danken heißt: mit Gott und Menschen das Leben und seine Gaben feiern. Gerade auch im stilvollen, bewussten und fröhlichen Grillen.
„Grillen mit Herz und Feuer" will Mut machen zu FREUNDSCHAFTEN. Und wie und wo entstehen diese? An und neben der Feuerstelle. Das Grillen ist ein idealer Ort, um Beziehungen zu bauen und zu vertiefen. Die Wurst oder ein Steak eignen sich hervorragend, um mit seinem Nächsten über Gott und die Welt ins Gespräch zu kommen. Pfarrer Paul Deitenbeck hatte diese Chance erkannt. Er prägte den Satz: „Lieber 'ne kurze Andacht und 'ne lange Bratwurst als umgekehrt."
In diesem Sinne: Ran an den Grill, liebe Männer (und Frauen). Feiert, genießt, dankt und lebt Freundschaft am Rost.

Rüdiger Jope,
Chefredakteur Männermagazin MOVO

MIT HERZ UND FEUER

Grillen hat mich schon immer fasziniert. Das Feuer, dieser Geruch. Neben dem Kochen und Grillen begeistert es mich in gleichem Maße, wenn ich Gastgeber sein darf.
Wenn ich anderen Menschen etwas von meiner Leidenschaft zeigen kann, wenn ich ihnen mit dem tollen Essen einen Dienst erweisen kann und meine Begeisterung zu sehen und zu schmecken ist, bin ich glücklich.

Meine Grillgeschichte begann in den Jahren 2005/2006, am Anfang noch ganz normal zu Hause. Ab 2007 wurde es dann mehr. Zuerst grillte ich für Freunde, dann auch für deren Freunde, dann zog ich mit meinem kleinen Kugelgrill und meinem ersten kleinen Smoker von Ort zu Ort. Immer wieder wurde mir bewusst, wie viel Spaß ich daran hatte, anderen mit meiner Grill-Leidenschaft eine Freude zu machen. Ich verbesserte meine Rezepte und war ständig dabei, neue zu entwickeln.
Als ich 2008 „Dän grillt" gründete, rechnete ich nicht damit, dass ich immer mehr Menschen im Grill-Business kennenlernen würde oder dass ich 2011 mit South-Side-BBQ in ein Team komme, das bereits 2010 Deutscher Meister der Amateure wurde, und 2012 mit mir gleich noch einmal. Als wir dann 2013 auch noch den Vize-Meister der Profis stellten, war für mich klar, dass Grillen für mich zum Lebensthema werden würde. Grillen – nicht nur für Wettbewerbe, sondern vielmehr für Freunde und für Menschen, die eine genauso große Leidenschaft für das gegrillte Essen haben wie ich.
In den folgenden Jahren ist „Dän grillt" immer weiter gewachsen. Heute haben wir 16 Mitarbeiter, die sich in Teilzeit für die Firma engagieren. Wir fahren mit mehreren Smoker-Anhängern und verschiedenen Autos durch ganz Deutschland. Geblieben sind die Leidenschaft, das Herz und das Feuer. Und davon möchte ich mit diesem Buch auch an andere weitergeben. Hier setzen sich die Ziele, die ich mit „Dän grillt" habe, nahtlos fort:

Ich möchte Menschen für das Grillen und die Zubereitung auf dem Rost begeistern.
Ich möchte auf die Vorteile von nachhaltigen und saisonalen Lebensmitteln aufmerksam machen.
Und ich wünsche mir, dass viele Menschen Grillen als Gemeinschaft und soziales Miteinander erleben.

Dän Klein

BASISWISSEN GRILLEN

»EIN GRILL OHNE DECKEL IST WIE EIN FASS OHNE BODEN: NUR EINE HALBE SACHE.«

TONNENGRILL – „CHARI“

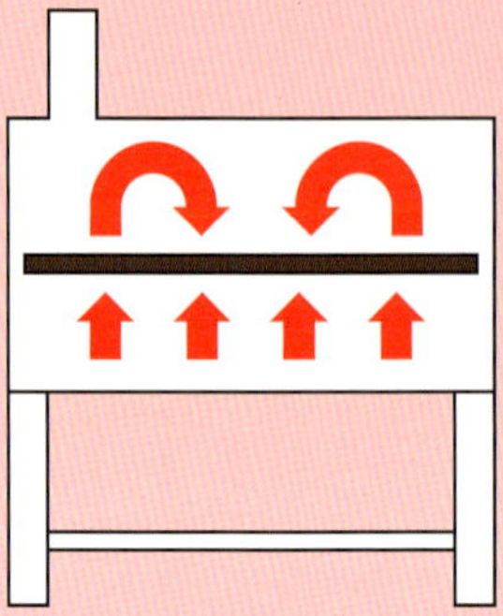

Bei „Dän grillt“ nutzen wir fast ständig einen Tonnengrill, den wir liebevoll „Chari“ nennen. In den USA ist der „Char-Grill“ weit verbreitet und sehr beliebt. Er hat viel Grillfläche, Gussroste und vor allem einen Deckel.

Dafür, dass dieser Grill nach Deutschland kam, ist hauptsächlich Thomas Brinkmann verantwortlich.

Als er mit Guido Pieper 2005 in den USA unterwegs war, stieß er in den amerikanischen Baumärkten auf etwas, das sein Leben veränderte: die klassischen BBQ-Grills & Smoker der Marke Char-Griller. Weil das amerikanische Barbecue in Deutschland damals noch weitgehend unbekannt war, kauften die beiden Unternehmer eine größere Menge der typisch amerikanischen Grills und vermarkteten sie zu Hause testweise, aber sofort mit überraschendem Erfolg.

Es stellte sich heraus, dass die Geräte durch ihre vielfältigen Möglichkeiten einem Kugelgrill prinzipiell überlegen sind. Trotz gleichem Preis ist der Chari größer, kann mit einer seitlichen Feuerbox ausgerüstet werden und eignet sich somit zum direkten und indirekten Grillen und mit der Feuerbox auch zum Niedrigtemperaturgaren mit Rauch, also dem Smoken.

Die beiden Geschäftsmänner beschlossen, sich der neuen Grill-Philosophie künftig intensiver zu widmen. Sie gründeten 2006 in Lage die BBQ-Scout GmbH und verkauften die Tonnengrills bald in ganz Europa.
Ab 2007 trat Thomas Brinkmann mit dem neu gegründeten Grillteam „TB & The BBQ-Scouts“ und natürlich mit seinen Charis bei der Deutschen Grillmeisterschaft (DGM) an. Dort gewann das Team auf Anhieb die Meisterschaft der Amateure und in den darauffolgenden Jahren auch noch viele andere Titel, darunter sogar die Profi-Grill-Weltmeisterschaft 2009.

2011 begannen Brinkmann und Pieper damit, nicht mehr nur amerikanische Grills zu vertreiben, sondern unter der Produktreihe „Grill'n Smoke“ eigene Modelle zu entwickeln. Auf die Serien „Classic“ und „Star“ folgte 2012 der „Big Boy“ mit besonders großer Grillfläche. Aber auch heute spricht die große und treue Fangemeinde immer noch von ihrem „Chari“.

Für uns bei „Dän grillt“ ist der Chari wirklich ein Alltagsgerät. Wir lieben seine Möglichkeiten und die riesige Grillfläche ist ein Geschenk, sowohl beim indirekten als auch beim direkten Grillen. Heutzutage empfehle ich Freunden oft den Kauf eines Charis anstatt eines Kugelgrills.

„BEEF-FIXX“

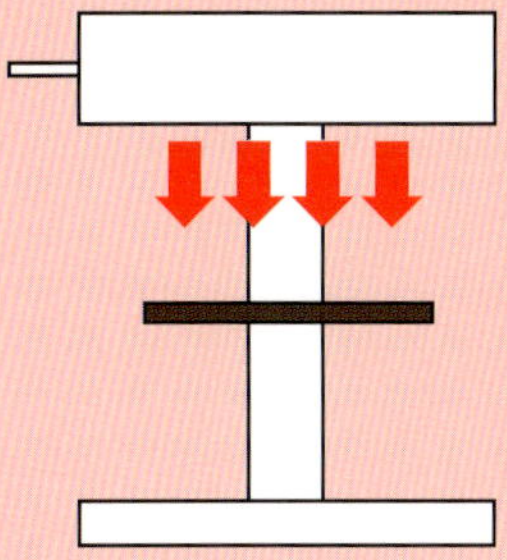

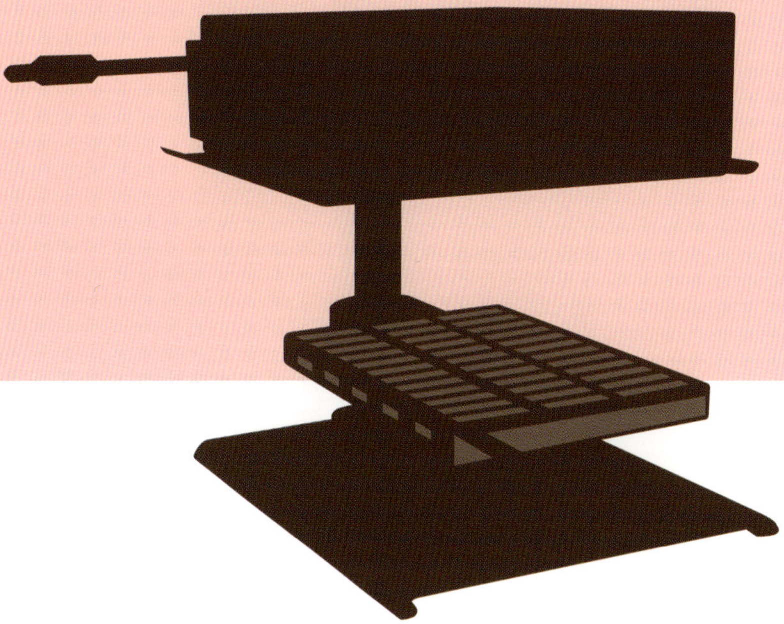

„Warum benutzt du eigentlich keinen Gasgrill?“ Das werde ich wirklich oft gefragt. Gas sei doch so sauber und vor allem auch schnell einsatzbereit.
Bei mir hat es bisher kein Gasgrill geschafft, echtes Grill-Feeling hervorzurufen. Stattdessen war damit immer ein eher technischer Vorgang verbunden, es fehlte die Leidenschaft. Das prasselnde Feuer in einem Smoker oder die glimmende Holzkohle in einem Chari – das verbinde ich mit Grillen. Da kommt bei mir große Freude auf.

Das einzige gasbetriebene Gerät, das ich gerne nutze, ist der Beef-Fixx: ein Infrarotgrill, der besonders für das Überbacken und das starke Branden gedacht ist. Das Gas wird mit Luft an einer Keramikplatte entlanggeleitet und dabei entzündet. Dadurch entstehen sehr hohe Temperaturen jenseits der 800 Grad und diese erhitzen die Platte. Von dort wird dann eine Infrarotstrahlung ausgesandt, durch die das Gargut ein geniales Branding bekommt. Das bedeutet, dass eine gleichmäßige, leckere Kruste entsteht.

Der Beef-Fixx hat meiner Meinung nach einige große Vorteile gegenüber anderen Infrarotgrills. Er hat eine sehr große Fläche und bietet Platz für mehrere Stücke. Die stufenlose Verstellbarkeit der Höhe ist genial, genau wie die Möglichkeit, den Rost unabhängig davon zu drehen, um etwas aufzulegen. Man kann einfach sein Fleisch so positionieren, dass es unter den Brenner passt, und wenn es fast fertig ist, ändert man die Höhe. Der Beef-Fix eignet sich auch perfekt zum Überbacken. Egal, ob es um einen Burger, Auflauf oder ein Steak geht, über das man zum Schluss noch Blauschimmelkäse gibt.

Dass beim Grillen eine Kruste entsteht, basiert hauptsächlich auf der Maillard-Reaktion. Der vorhandene Zucker in den Fleischzellen karamellisiert und verbrennt dann auch sehr schnell. Deshalb muss man bei einem Infrarotgrill immer mit kurzen Garzeiten rechnen. Bei dicken Fleischstücken sollte man das Fleisch zuerst bis kurz vor die Ziel-Kerntemperatur bringen und danach branden oder es zuerst branden und dann langsam indirekt zu Ende garen.

KUGELGRILL

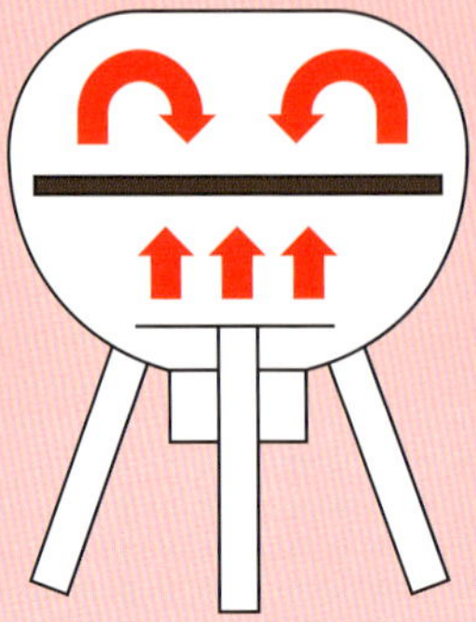

Der Kugelgrill ist der Standard-Grill. Er ermöglicht direktes und indirektes Grillen und kann auch als „Smoker“ eingesetzt werden. Allerdings ist das Grillen seine Stärke.

Sein größter Vorteil ist die Regelbarkeit. Wenn ich indirekt grillen möchte, sollte ein Grill das auch wirklich ermöglichen. Je stärker ich meinen Grillrost dabei von der Hitze entkoppeln kann, umso besser. All dies wird erst durch den Deckel möglich, den der Kugelgrill hat. Durch den Deckel und das Regelventil am Boden des Grills kann ich die Menge an Luft steuern, die das Feuer erreicht. Somit glüht das Feuer stärker oder weniger stark und es entsteht mehr oder weniger heiße Luft, die das Fleisch umströmt und gart. Dabei bleibt das Fleisch saftig und vor allem verbrennt nichts. Denn es ist ja kein direkter Kontakt mit dem Feuer vorhanden.

Man kann den Kugelgrill jedoch auch schnell von indirekt auf direkt umbauen. Entweder entfernt man dann einen Metalltrichter, der das Fleisch vom Feuer entkoppelt hat, oder man dreht den Rost so, dass das Fleisch nun über der Glut liegt. So bekommt es eine leckere Kruste.

»Der größte Vorteil des Kugelgrills: Er macht sowohl direktes als auch indirektes Grillen möglich.«

SMOKER

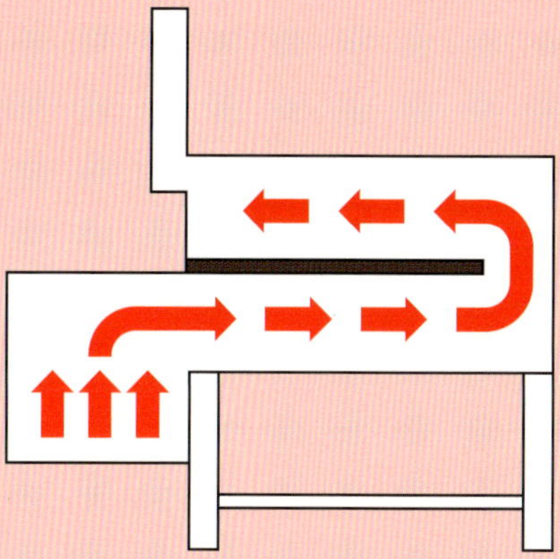

Der Smoker ist ein spezieller Grill, der nur für niedrige Temperaturen und das indirekte Grillen gedacht ist. Er ist also das perfekte Grillgerät für das klassische amerikanische BBQ.

Es gibt Smoker in verschiedensten Bauarten und die meisten betreibt man mit Holz. Neuerdings gibt es auch Pelletsmoker und Modelle, die eher wie ein großer Räucherschrank aussehen. Der klassische Look lässt den Grill jedoch aussehen wie eine rauchende Dampflokomotive.

Beim Kauf eines solchen Grills sollte man unbedingt darauf achten, dass die Temperaturverteilung im Inneren möglichst gleichmäßig ist und der Grill an jeder Stelle gleich heiß wird. Das ist nur möglich, wenn das Gerät eine gewisse Materialdicke hat, denn so ist es vor Wind und Wetter und damit auch vor Abkühlung geschützt. Meiner Meinung nach sollte Wandstärke bei einem Smoker 5 mm nicht unterschreiten. Alles darunter ist wirklich zu wenig, um eine stabile Temperatur im Inneren zu halten. Außerdem sollte der heiße Rauch möglichst überall gleichzeitig ankommen. Deshalb gibt es sogenannte Reverse-Flow-Modelle, bei denen der Kamin so angebracht ist, dass der Rauch zweimal durch den gesamten Grill zieht. Das ist sehr gut für die Wärmeverteilung. Unsere großen Smoker auf Anhängern sind alle Reverse-Flow-Modelle und wir sehen darin nur Vorteile.

Im Smoker selbst kann man viele Dinge „Low & Slow" grillen. Damit ist das Garen auf niedriger Temperatur (Low) und über lange Zeit (Slow) gemeint.

GRILL
HOLZ
KOHLE
Holzkohlen-Spezialqualität
Für Bratrost, Bratspieß, Grill usw.
4 004216 000003
DIN

GRILLKOHLE

Es gibt sehr viele Holzkohlehersteller, die auch einige unterschiedliche Sorten anbieten. Ich habe die besten Erfahrungen mit folgenden Kohlesorten gemacht:

GRILLBRIKETTS

für alle Arten von Kugelgrills und unsere Charis. Die Briketts entwickeln eine gleichmäßige Hitze. Diese Hitze ist perfekt für das normale Grillen in einem Grill mit Deckel. Briketts halten die Hitze länger als stückige Holzkohle, was ein weiterer Vorteil ist.

STÜCKIGE HOLZKOHLE

brennt deutlich heißer und viel kürzer. Sie ist perfekt für das schnelle, starke Grillen, allerdings auch wirklich nur für solche Dinge geeignet. Die Hitze kann so stark werden, dass sie einen Kugelgrill ernsthaft beschädigen kann.

RESTAURANT-HOLZKOHLE

zeichnet sich durch besonders große Stücke aus. Sie kann Kohlestücke enthalten, die so groß sind wie der Kopf eines Kleinkindes. Solche Kohle ist die beste Wahl für einen Keramikgrill. Durch die großen Kohlestücke kann die Luft im Keramikgrill perfekt zwischen den Stücken zirkulieren und die Luftöffnungen werden nicht so schnell verstopft.

Unsere Smoker befeuern wir mit normalem Holz. Dabei sollte man unbedingt Holz nutzen, das beim Verbrennen keine giftigen Stoffe entwickelt. Zum Beispiel sind Birken- und Tannenholz im Smoker verboten. Wir nutzen im Normalfall Buchenholz. Auch Eichenholz ist gut geeignet. Es brennt allerdings etwas heißer als Buchenholz. Möchte man noch ein Raucharoma hinzufügen, empfehlen sich Räucherhölzer wie Kirsche, Apfel oder Hickory. Diese kann man kurz wässern und dann einfach auf das Feuer im Smoker geben.

Unsere Grillkohlen bekommen wir vom Holzkohlewerk Lüneburg. Seit fast zehn Jahren arbeiten wir schon zusammen. Es sind in meinen Augen die besten Grillkohlen, die ich je genutzt habe. Die Briketts aus Kokosschalen brennen heiß genug für jedes Grillfeuer und sie hinterlassen beim Anzünden kaum Gestank und Rauch. Die Restaurantkohle erhält man in sehr großen Stücken und sogar die Anzünder sind sehr gut.

Das Holzkohlewerk Lüneburg beliefert Grillshops, aber auch den normalen Handel in ganz Deutschland, und somit ist die Kohle wirklich überall verfügbar. Ich kann nur empfehlen, dass man einmal einen solchen Sack ausprobiert.

weber

FEUER FREI! KOHLE ANZÜNDEN

Das Anzünden der Grillkohle sollte immer in einem Anzündkamin erfolgen. Das ist nicht nur die einfachste und sicherste Methode, sie bietet außerdem die Möglichkeit, die Kohle perfekt dosiert in den Grill zu geben. Der Anzündkamin von Weber ist für mich bis heute das einzige gut funktionierende Modell. Er enthält keine Schrauben oder Nieten und ist somit auf Langlebigkeit getrimmt. Außerdem ist er aus Aluminium und rostet nicht so schnell vor sich hin wie ein Kamin aus Blech.

1.

Man füllt den Anzündkamin mit Kohle. Danach schüttelt man ihn kurz, damit sich die Kohle setzt und vor allem die ganzen kleinen Brösel herausfallen. Jetzt legt man einen brennenden Anzünder unter den Kamin und los geht's.

2.

Als Anzünder kann man einfache Holzwolle nehmen, die in Wachs getränkt wurde, oder man nimmt Naturholzanzünder. Paraffin oder Papier sollte man nicht verwenden. Das ist für den heimischen Holzofen tauglich, aber nicht am Grill.
Der Anzündkamin sollte nie auf Teer oder anderem brennbaren Material stehen. Gerade eine trockene Wiese entwickelt sich sonst schnell zum Inferno. Ein Teerboden hebt sich an, da der Kamin sehr heiß wird und seine Standfläche stark erhitzt.

3.

Wenn die Kohle im Kamin durchgebrannt ist – die obersten Kohlestücke also leicht glühen und eine helle Ascheschicht auf der Oberseite aufweisen –, dann ist die Grillkohle bereit.

Für einen Kugelgrill reicht ein normaler, zu zwei Dritteln gefüllter Kamin aus. Für einen Chari kann man den Kamin auch komplett füllen. Es ist aber auch kein Problem, bereits glühende Kohle im Grill mit noch kalter Kohle aus dem Sack zu belegen. Einfach oben drauf packen und etwas warten. Die Hitze der glühenden Stücke reicht aus, um die anderen ebenfalls zum Glühen zu bringen.

DER RICHTIGE GRILLROST

»Bei der Auswahl des passenden Grillrosts sollte man sich zuerst fragen: Wofür will ich ihn einsetzen?«

»Für perfektes Branding geht nichts über einen Gussrost.«

In den meisten Grills werden Edelstahlroste verbaut oder mitverkauft. Das wirkt auf den ersten Blick super, denn diese Roste sind ja sehr gut zu reinigen und glänzen wunderbar. Allerdings sollte man immer überlegen, wofür man einen Rost einsetzen möchte.

Möchte ich ein schönes Branding erzeugen – also einen tollen Abdruck des Rostes erhalten –, dann ist das nur möglich, wenn man auch einen Rost verwendet, der entsprechend viel Hitze auf das Grillgut transportiert. Außerdem soll dabei natürlich das Grillgut nicht ankleben. Für Brandings ist der Gussrost berühmt und deshalb hier die Empfehlung.

Ein Gussrost „lebt". Er nimmt Fett beim Grillvorgang auf und gibt es auch wieder ab. Deshalb ist es ganz wichtig, dass man solche Roste nicht mit Spülmittel reinigt. Sie werden einfach vor Gebrauch gut erhitzt. Dabei stirbt alles, was nicht auf den Rost gehört. Danach fettet man den Rost entsprechend ein und legt das Grillgut auf. Wir fetten unsere Gussroste und Gussplatten mit Trennfett – einer Mischung aus Druckluft und pflanzlichem Fett. Man kann aber auch sehr gut ein fettes Stück Speck nehmen. Nach dem Grillen kann man den Rost einfach abkühlen lassen. Eine abschließende Reinigung entfällt, da man den Rost ja erst wieder reinigt, wenn er das nächste Mal benutzt wird.

Für Grills, die einfach nur einen Rost als Halterung benötigen, wie zum Beispiel ein Smoker, ist ein Edelstahlrost allerdings sehr gut geeignet. Er dient dort ja primär als Auflage. Da die Energieeinwirkung im Gegensatz zum direkten Grillen niedriger ist, wird der Rost auch nicht so heiß, dass das Fleisch anklebt. Edelstahlroste sind in solchen Fällen auch leichter zu reinigen.

WERKZEUGE AM GRILL

Der Markt wurde mit Grillwerkzeugen förmlich überschwemmt. Unterschiedlichste Zangen, verschiedenste Bürsten und sonstiges Zubehör ohne Zahl ... Es gibt so viele verschiedene Dinge, dass selbst einem Menschen, der täglich grillt wie ich, der Überblick fehlt. Ich habe mich irgendwann auf die Werkzeuge beschränkt, die ich auch wirklich nutze. Übrig geblieben sind dann eine Grillzange, eine Grillpinzette, ein Grillthermometer, eine Grillbürste und diverse Messer.

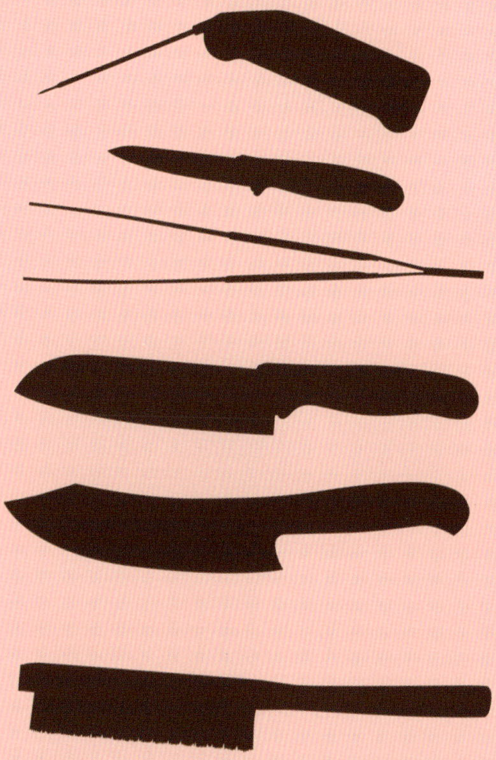

GRILLZANGE

Gerade bei den Grillzangen sollte man aufpassen. Viele haben vorne Zähne oder sind so gekantet, dass sie sich richtig ins Grillgut schneiden. Das möchte ich aber meistens gar nicht. Außerdem sollte die Zange richtig Druck aufbauen können, damit ich auch schwerere Dinge wie einen ganzen Schweinerücken auf dem Rost versetzen kann. Deshalb hilft es immer, vor dem Kauf einer Grillzange ihre Funktionalität und vor allem die Kraft, die vorne entsteht, zu testen.
Meine Grillpinzette ist mein Lieblingswerkzeug. Sie ist leicht und man kann schnell und kräftig damit arbeiten.

GRILLTHERMOMETER

Das Grillthermometer ist eine spezielle Sache. Hier gibt es ein wirklich großes Angebot, aber wenn man ein wirklich akkurates Gerät sucht, lichtet sich sehr schnell der Kreis der Möglichkeiten. Ich habe inzwischen nur noch ein Gerät im Einsatz. Das Thermapen von ETI. Es ist wirklich sehr exakt, hat eine dünne Messspitze und funktioniert zuverlässig.

GRILLBÜRSTEN

Bei Grillbürsten sollte man ruhig überlegen, ob man wirklich eine Markenbürste benötigt, die von einem Grillhersteller kommt. Ich selbst nutze nur noch die günstigen Messingbürsten mit Holzgriff aus dem Baumarkt. Wichtig ist nur, dass man keine Stahlbürsten verwendet – die würden die Roste beschädigen. Messing ist ein weiches Metall und deshalb greift es den Grillrost nicht an, aber entfernt zuverlässig den anderen Schmutz.

MESSER

Bei Messern gibt es eine große Auswahl. Ich nutze fast immer ein Santokumesser, weil ich den Schliff mag und diese Messer genug Gewicht und Größe haben, um für fast jeden Zweck tauglich zu sein.

DIE RICHTIGEN ZUTATEN

»NACHHALTIGER UND SAISONALER EINKAUF
FORDERN IMMER WIEDER HERAUS,
MACHEN ABER AM ENDE AUF JEDEN FALL
VIEL SPASS UND GLÜCKLICH!«

ALLES BIO?

Wie kann man sicherstellen, dass man verantwortungsbewusst und mit Blick auf Nachhaltigkeit einkauft? Ist es nicht am besten, immer Bio-Produkte zu wählen?

Nun, in meinen Augen ist „Bio“ auch nur ein Label. Man kann es leider viel zu schnell austricksen und für mich ist es nicht immer die beste Wahl. Wir haben in unserer Nachbarschaft einen Bauern, der zwar kein Bio-Label führt, aber er erzeugt sein Gemüse trotzdem völlig natürlich. Ihm vertraue ich, denn ich kenne ihn und sehe seine Felder und seine Arbeit fast jeden Tag.

Ich möchte die Leute deswegen immer wieder ermutigen, sich selbst schlauzumachen und einfach mit offenen Augen durch die Welt zu gehen. Lernt die Bauern in eurer Umgebung kennen, fragt nach, baut selbst an! Wenn wir uns wieder mehr um die Lebensmittel kümmern, die wir essen wollen, dann wissen wir auch immer besser, was wir da genau essen und wie es angebaut wurde. Und ein Einkauf in der Region tut dieser auch finanziell gut.

Außerdem sollte man grundsätzlich saisonal einkaufen und essen, was gerade geerntet werden kann. So kommt Abwechslung ins Leben und auf den Esstisch. Ein weiterer positiver Nebeneffekt: Man stößt dadurch auf völlig neue Sorten und Grillmöglichkeiten.

»Wenn wir uns wieder mehr um die Lebensmittel kümmern, die wir essen wollen, wissen wir auch immer besser, was da auf unserem Teller landet.«

GEH ZUM METZGER

Seit meiner Kindheit gibt es einen lokalen Metzger in meinem Heimatort. Als ich mit dem Grillen begonnen habe, wurde er für mich zur Stammadresse für gutes Fleisch. Dort erhielt ich alles, was ich wollte, und da dieser Metzger auch noch selbst schlachtete, konnte ich sogar auf Zuschnitte und besondere Teilstücke Einfluss nehmen.

Bis heute bin ich mit Andi, meinem Heimatmetzger, freundschaftlich verbunden und es gibt kaum einen Besuch bei meinen Eltern, bei dem ich nicht in der Metzgerei vorbeischaue.

2014 habe ich dann die Metzgerei Frik kennengelernt. Ein Traditionsunternehmen, das drei Verkaufsstandorte in und um Kirchheim/Teck unterhält. Mit Annette Frik, einer der beiden Inhaberinnen, habe ich mich sofort gut verstanden und innerhalb kürzester Zeit ist eine Freundschaft entstanden. Wir arbeiten auch über den „Tellerrand" hinaus zusammen. Zum Beispiel unterstützt sie die Arbeit der Kirchengemeinde, in der ich tätig bin, und besucht auch immer wieder unsere Gottesdienste.

Gemeinsam geben wir Grill-Workshops in der Metzgerei und arbeiten bei verschiedenen anderen Projekten zusammen. Wir gestalten und planen gerade einen Online-Shop (meat-for-you.de), der nicht nur tolles Fleisch anbietet, sondern gleich passende Grilltipps mitliefert.

Ich habe den Eindruck, dass ich bei Familie Frik Freunde fürs Leben gefunden habe und ich bin sehr glücklich über unsere Zusammenarbeit. Wir sind beide stolz auf die Produkte, die man aus gutem Fleisch herstellen kann, und wir lieben es, nachhaltig und bewusst mit dem umzugehen, was uns durch die Tiere gegeben wird.

Mir ist extrem wichtig, dass der Fleischer oder die Fleischerin meines Vertrauens achtsam mit den Tieren umgeht. Bei Familie Frik weiß ich das. Das Fleisch stammt von Landwirten aus der Region, die sorgfältig und durch persönlichen Kontakt ausgewählt werden und die das Futter für ihre Tiere noch selbst anbauen. Diese Qualität schmeckt und sieht man.

Fleisch ist Vertrauenssache. Such dir deswegen einen Metzger in deiner Region, dem das Tierwohl am Herzen liegt und von dem du weißt, dass ihr die gleichen Werte teilt.

»Fleisch ist Vertrauenssache.«

STAUFERICO

Bei „Dän grillt" haben wir uns in eine Schweinerasse verliebt. Aktuell grillen wir nur noch dieses Schweinefleisch. Warum? Weil es in unseren Augen alle die Dinge verbindet, die wir schätzen. Wir lieben dieses Fleisch wirklich sehr und achten immer darauf, dass nur so viele Tiere sterben müssen, wie wir auch wirklich benötigen.

Doch wie entstand diese Rasse überhaupt? 2008 hatten die „StaufenFleisch"-Geschäftsführer Samuel Rüger und Günter Schmidt die Idee, Schweine zu züchten, deren Fleisch Qualitätseigenschaften hat, die denen des Ibérico-Schweins ähneln, aber aus heimischer Erzeugung stammen. Gemeinsam mit Landwirten, die in Genossenschaften mit „StaufenFleisch" zusammenarbeiten, wurde die Idee umgesetzt. Aus der Kreuzung eines spanischen Ibérico-Ebers und eines Mutterschweins der Rasse Deutsches Landschwein entstand das Stauferico-Schwein. Seitdem wurde in jeder Generation spanisches Blut eingekreuzt, sodass Stauferico-Eber heute zu 99% Ibérico-Genetik in sich tragen.

»Intensiver Geschmack, zartes und saftiges Fleisch. Diese Schweinerasse verbindet all das, was wir schätzen.«

Die Tiere sind wie ihre wildlebenden Verwandten in Spanien äußerst vital und lebhaft. Das Fleisch hat einen besonders hohen Anteil intramuskulären Fetts mit einer stark ausgeprägten Marmorierung. Diese ergibt einen intensiven Geschmack und macht es zart und saftig.
Für die Erzeugung gelten besondere Qualitätskriterien. Die Aufzucht der Tiere erfolgt auf bäuerlichen Familienbetrieben einer einzigen Erzeugergemeinschaft. Die Tiere werden in Kleingruppen artgerecht gehalten und die eingesetzten Futtermittel sind rein pflanzlich und gentechnikfrei.

WÜRZEN

Die meisten unserer Gerichte würzen wir mit Salz und Pfeffer. Und zwar fast ausschließlich mit Salz und Pfeffer. Durch das gezielte Hinzufügen weniger weiterer Gewürze kann man den Geschmack der ursprünglichen Zutaten sehr gut hervorheben. Und das ist ja das Ziel.

Salz ist auch nicht gleich Salz. Es gibt sehr viele unterschiedliche Arten von Salz. Allerdings ist nicht entscheidend, wo das Salz herkommt, sondern es ist viel wichtiger, in welcher Größe man es verwendet. Es gibt beispielsweise Salzflocken von Maldon, die sehr groß und dünn sind und sich perfekt für Steaks eignen. Sie schmelzen förmlich dahin.
Salzkörner, wie man sie vom normalen Speisesalz kennt, sind sehr konzentriert und haben durch ihre Oberfläche und Masse einen sehr starken Salzgeschmack. Deshalb eignen sie sich zum allgemeinen Salzen von Suppen und Soßen sicher sehr gut. Aber fürs Grillgut sind sie weniger gut zu gebrauchen.

Ich nutze fast immer Salzflocken.

Auch beim Pfeffer gibt es sehr viele Sorten, und man muss sich ein bisschen auf den eigenen Geschmack verlassen. Ich liebe den Pfeffer aus der Region Tellicherry. Er ist warm und trotzdem kräftig im Geschmack. Ich male diesen Pfeffer in der Mühle direkt auf das Fleisch.

Bei den vielen Diskussionen, ob man besser vorher oder nachher würzt, muss man unterscheiden, was man erreichen möchte. Vor dem Grillen zu salzen, kann das Fleisch krosser machen, aber es entzieht an der Oberfläche auch Wasser. In den meisten Fällen ist es einfacher, nach dem Grillen zu salzen. Vor allem kann man es auf die Schnittkanten aufbringen, was eine bessere Verteilung des Salzes auf dem Fleisch ermöglicht.

Pfeffer vorher zu benutzen, ergibt in meinen Augen wenig Sinn. Der Pfeffer verbrennt dann auf dem Grill. Das erzeugt nur Bitterstoffe. Es ist sinnvoller, den Pfeffer immer erst hinterher frisch über das Gargut zu mahlen.

DON MARCO

Mit Don Marco verbindet mich eine lange Freundschaft. Kennengelernt haben wir uns auf einer der zahlreichen Meisterschaften und durch verschiedene Treffen von Grillern konnten wir unsere Freundschaft ausbauen.
Als Marco damit begann, eine eigene Gewürz- und Rub-Kollektion zu entwickeln, war ich sofort begeistert. Am Anfang noch fast von Hand zusammengemischt, hat Don Marco inzwischen eine hochprofessionelle Gewürzlinie am Start. Natürlich habe ich auch dort meine Favoriten wie das Schafskäse-Gewürz oder die Mischungen „PigWing“ und „Mafia Coffee“. Marco habe ich als extrem engagierten Griller kennen- und schätzen gelernt. Er macht wirklich seine Arbeit zu 1000 Prozent und ich bin begeistert, wie er immer wieder neue Ideen für die Grillerszene umsetzt und dann für jedermann verfügbar macht.

Seine Leidenschaft fürs Grillen begann 1990, als er den Kugelgrill und das indirekte Grillen für sich entdeckte. Er testete immer neue Grilltechniken, Garmethoden und Rezepte. Über die Suche nach Neuem fand er auch Menschen, die seine Leidenschaft teilten, und 2006 wurde aus diesen Menschen ein Team mit ihm als Teamcaptain.
Gemeinsam gewannen sie u.a.: 1. Platz DGM 2007 Gronau, 1. Platz DGM 2008 Monheim, 1. Platz WM Belgien 2008. Es folgte eine Einladung zum Jack Daniels BBQ Invitational in Lynchburg. Nur wenige Teams außerhalb der USA erhalten diese Ehre. Noch weniger Teams verlassen diese Veranstaltung mit dem Titel 1. Platz im Homeland Cooking und dem 8. Platz in der Kategorie Jack Daniels BBQ-Soße.
Um solche Erfolge erzielen zu können, hat er sich sehr viel mit Gewürzmischungen beschäftigt. Auf dem deutschen Markt gab es bis dato keine klassischen Rubs. Weil er immer wieder danach gefragt wurde, gründete er die Marke „Don Marcos Barbecue“ mit Produkten vom Griller für den Griller.
Mittlerweile reicht das Sortiment von Rubs über Holzplanken und Räucherpellets bis hin zu Marktneuheiten wie der Salzplanke oder einem Garthermometer extra für den Grillbereich.

SOSSEN, GLASUREN, MARINADEN

Was ist der Unterschied zwischen einer Soße und einer Glasur?
Eine Soße ist etwas, das man am Ende zum Gericht reichen kann oder in das man ein Gericht einsetzt. Beispielsweise gibt man die Soße als sogenannten Spiegel auf den Teller und richtet dann das Fleischstück darauf an.

Eine Glasur hingegen verwendet man schon auf dem Grill, damit sie das Fleisch veredelt. Sie wird aufgepinselt oder mit einem Löffel aufgetragen. So verläuft sie über dem Gargut und bringt einen besonderen Geschmack auf dessen Oberfläche.
Glasuren dringen nicht ins Fleisch ein. Dafür haben sie weder die Kraft noch die Zeit. Sie können nur zusätzliche Nuancen auf dem Gericht erzeugen.

Eine Glasur wird nie am Anfang des Garprozesses aufgetragen, sie dient meistens als Finish. Bei Ribs kann man die Glasur auch einige Stunden vor dem Ende der Garzeit das erste Mal aufbringen, da sie ja immer wieder aufgetragen wird und so eine gewisse Stärke entsteht. Glasuren enthalten auch immer viel Zucker. Dieser sorgt für Stabilität und vor allem für Glanz. Eine Glasur ist auch immer ein optisches Highlight – das Auge isst schließlich mit.

Während Glasuren und Soßen am Ende bzw. nach dem Grillen zum Einsatz kommen, benutzt man Marinaden oder die sogenannte Brine vorab. Der Unterschied zwischen Brine und Marinade ist gering. In beides legt man das Fleisch vor dem Grillen ein.

Die Brine dient quasi als Austauschstoff, um neue Gewürze und Geschmäcker ins Fleisch hineinzutragen. Dies geschieht durch Diffusion in der Flüssigkeit. Man legt also das Fleisch in der Brine ein und lässt sie einige Stunden im Kühlschrank ruhen. Am Ende wirft man die Brine weg, aber das Fleisch hat den Geschmack angenommen. Je länger der Prozess dauert und umso säurehaltiger die Brine ist, umso tiefer kann diese eindringen.

Eine Marinade hat den gleichen Zweck. Sie soll dem Fleisch einen neuen Geschmack geben. Deshalb schmeckt mariniertes Fleisch immer nach etwas anderem als Fleisch selbst. Meistens werden Paprika oder Kräuter benutzt. Beim Marinieren wird Flüssigkeit aus dem Fleisch gelöst und durch die gewürzte Flüssigkeit der Marinade ersetzt. Allerdings gelingt das immer nur in den Randbereichen des Fleisches. Bis in den Kern kann sie nicht vordringen. Marinaden benötigen immer eine Säure, um diesen Prozess zu starten. Salz sollte sie möglichst wenig enthalten, da Salz den Prozess bremst.
Marinade sollte vom Fleisch entfernt werden, bevor man es auf den Grill legt. Sie hat ja ihren Dienst getan und enthält keinen Geschmack mehr, wenn man das Fleisch aus der Packung holt. Also gründlich entfernen und dann das Fleisch grillen.

Bei „Dän grillt“ nutzen wir keine Marinaden und auch keine Brine. Wir würzen lieber mit Rubs oder Salz und Pfeffer. Mariniertes Fleisch hat oft keine hohe Qualität. Denn wenn man eine Marinade nutzt, dann wird ja der ursprüngliche Geschmack übertüncht. Das spricht gegen den guten Eigengeschmack des Fleisches, den man ja sonst mit Salz und Pfeffer hervorheben könnte.

»BASISWISSEN MIT NEUGIER – DAS BESTE REZEPT FÜR SPASS AM GRILLEN.«

DÄN KLEIN

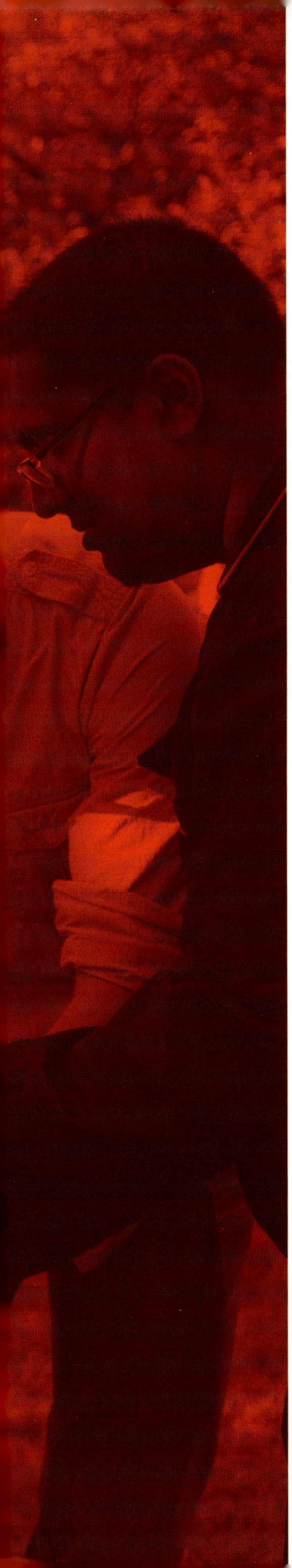

REZEPTE

Hier beginnt der Rezeptteil, der viele meiner Lieblingsrezepte enthält. Vorab noch einige grundsätzliche Hinweise:

Ich habe bewusst keine Grammangaben in meinen Rezepten verwendet. Es ist in meinen Augen gerade bei natürlichen Produkten nicht so einfach, alles in metrische Angaben umzuwandeln. Oft ist es einfacher, wenn man mit Augenmaß vorgeht. Manchmal stelle ich zwar fest, dass ich etwas zu viel Rub hergestellt oder zu viele Gewürze und Kräuter eingekauft habe. Das ist aber nicht so schlimm, denn solche Dinge kann man in der alltäglichen Küche weiterverwenden und gut aufbrauchen. Mir ist es wichtiger, dass ich genug eingekauft habe, um mein gesamtes Fleisch zu würzen und die Beilage lieber in 1,5-facher Menge herzustellen, als am Ende zu wenig zu haben.

In vielen Fällen genügt eine Prise Salz oder Pfeffer zum Würzen. Wie groß diese „Prise“ am besten sein sollte, empfindet jeder anders. Für mich ist das ein Griff in die Salzschüssel und dann wird mit Liebe gestreut. Sollte wirklich viel von einem Gewürz nötig sein, dann wird das im Rezept auch so benannt. Ansonsten gilt das ganz normale Würzen mit Prisen aus dem Handgelenk. Dabei den Arm möglichst hoch halten, damit die Prise auch überall ankommt und nicht nur punktuell gesalzen wird.

Bei Glasuren und Soßen steht oft ein Hinweis auf Fertigsoßen bzw. im Handel erhältliche Produkte. Ich habe mit diesen Produkten gute Erfahrungen gemacht. Wer allerdings lieber selbst diese Soße oder Glasur herstellen möchte, dem kann ich dazu nur raten. Aufgrund des höheren Aufwands an Zeit und Kraft habe ich hier für das Buch aber auf fertige Produkte zurückgegriffen.

Grundsätzlich empfehle ich, beim Thema Schärfe so zu arbeiten, dass man es selbst auch mag. Wer Schärfe nicht mag, sollte sie einfach weglassen. Lieber hinterher nachschärfen, ist mein zweiter Tipp. Wer es einmal übertrieben hat, bekommt Schärfe aus einem Gericht kaum mehr weg. Dann hilft nur noch ein Glas Milch am Esstisch.

RIND

»FÜR GUT GEGRILLTES RINDFLEISCH LASSE ICH ALLES STEHEN UND LIEGEN.«

RIND

Rind ist ohne Frage eine der edelsten Fleischsorten für den Grill. Es ist mir allerdings ein großes Anliegen, dass man nicht nur ausgesuchte Filetstücke verwendet. Deshalb habe ich in diese Kategorie auch einige Rezepte mit besonderen Fleischteilen eingefügt.

Wir grillen zum Beispiel sehr gern Skirt Steak. Das ist tatsächlich ein besonderes Stück, denn Skirt steht für Zwerchfell. Auch das Picanha – den Tafelspitz – kennen wir in Deutschland eigentlich nur als Suppenfleisch.

Grundsätzlich kann man über Steaks sagen, dass sie immer dick genug geschnitten werden sollten. Für mich ist eine Dicke von zwei bis drei Fingern ein gutes Maß. „Das ist ein ganz schön dickes Steak", wird der eine oder andere denken. Man sollte jedoch bedenken, dass es am Ende möglichst viel perfekt medium gegrilltes Fleisch geben soll. Und ich rechne bei einem solchen Steak nicht damit, dass ich es alleine esse. Ein solches Steak wird nach dem Grillen am besten in Tranchen geschnitten. Diese salzt und pfeffert man und stellt dann das Steak geschnitten auf den Tisch. So kann sich jeder bedienen und am Ende bleibt nur der Knochen übrig.

Beim Rindfleisch sind Geschlecht, Rasse, Haltung und Reifung wichtige Faktoren. Es gibt Rassen, die haben grundsätzlich bessere Fleischeigenschaften. Es sollte möglichst viel intramuskuläres Fett angesetzt worden sein. Hier kommt auch das Geschlecht ins Spiel. Ochsenfleisch schmeckt stark nach Rind. Färsenfleisch ist bereits milder und vor allem sehr zart – auch bei kürzerer Reifedauer. Jungbullenfleisch ist sehr fest und leider auch oft nicht zart zu bekommen, wird aber am meisten verkauft.
Bei der Reifung scheiden sich die Geister. Meiner Meinung nach ist alles ab drei Wochen und bis sechs Wochen gut. Gerade in den Wochen fünf und sechs tut sich noch einmal einiges. Aber es hängt auch viel vom Reifeschrank oder der Reifekammer ab. Und natürlich ist das Ausgangsmaterial immer entscheidend. Denn beim Reifevorgang kann nur das zum Vorschein kommen, was bereits im Fleisch vorhanden war.

Die Haltung der Tiere ist vor allem deshalb wichtig, weil bei reiner Grasfütterung keine gute Marmorierung zu erreichen ist. Es braucht die kräftigen Futterzusätze wie Mais oder Ähnliches. Nur damit kann das Rind noch mehr Fett im Körper anlagern. Dazu kommt Bewegung, die dafür sorgt, dass das Fett auch verteilt wird und die natürlich die Muskeln wachsen lässt. Und je weniger Zusatzmittel oder Medikamente nötig sind, umso besser.

Bei allen Zubereitungsarten beim Rind sind meine Kerntemperaturangaben auf die Garstufe medium bezogen. Verwendet man Rindfleisch, das trocken gereift ist, verschiebt sich die Kerntemperatur nach unten. Durch den Reifeprozess ist weniger Flüssigkeit im Fleisch und dadurch wird es schneller gar und dann trocken.

Rindfleisch sollte man – falls möglich – immer am Knochen grillen. Der Knochen erhitzt sich zwar stärker und so entsteht ein Bereich im Fleisch, der schneller gart, aber gleichzeitig schützt der Knochen vor zu viel Hitze und wirkt so wie ein Puffer. Für mich gilt immer die Regel: „Wo ein Knochen dran ist, lasse ich ihn dran."

Wild sollte man immer gut durchgaren. Das ist leider notwendig, da das Fleisch zwar begutachtet wird, man aber aus gesundheitlichen Gründen trotzdem auf Nummer sicher gehen sollte.

FLEISCHTABELLE RIND

ZUSCHNITT	INFOS	GRILLMETHODE
TAFELSPITZ	Auf möglichst starke Marmorierung achten. Am Spieß grillen.	indirekt oder direkt
PORTERHOUSE-STEAK	Ein Steak aus dem Rücken. Hat deutlich mehr Filetanteil als das T-Bone. Auf möglichst starke Marmorierung achten. Steakdicke: 4 cm oder mehr.	indirekt oder direkt
T-BONE-STEAK	Steak aus dem Rücken. Kleiner bis kein Filetanteil. Auf möglichst starke Marmorierung achten. Steakdicke: 3 cm oder mehr.	indirekt oder direkt
RINDERBRUST	Perfekt geeignet für Beef Brisket. Immer mit Fettdeckel grillen. Langzeit-Schmorstück.	Low & Slow BBQ
SHORT RIBS	Perfekt für BBQ. Sollte möglichst durchwachsen sein und viel intramuskuläres Fett haben.	Low & Slow BBQ
ZWERCHFELL	Äußere Haut vor dem Grillen entfernen. Am Stück grillen und am Ende gegen die Faserrichtung aufschneiden.	indirekt oder direkt
ENTRECÔTE	Auf starkes Fettauge und möglichst starke Marmorierung achten. Wird aus dem Übergang zwischen Rücken und Nacken geschnitten. Steakdicke: 3 cm oder mehr.	indirekt oder direkt
ROASTBEEF	Günstigstes Steak. Möglichst mit Fettdeckel grillen. Wird komplett aus dem Rücken geschnitten. Auf möglichst starke Marmorierung achten. Steakdicke: 4cm oder mehr.	indirekt oder direkt

DAS PERFEKTE STEAK – VORWÄRTS UND RÜCKWÄRTS

ZUTAT

Steak

KERNTEMPERATUR

54 Grad

Vorwärts grillen bedeutet, dass man direkt über der Glut grillt, bis die Kruste perfekt ist. Anschließend grillt man indirekt weiter, bis die entsprechende Kerntemperatur erreicht ist. Dieses Vorgehen entspricht dem, was viele Köche mit der Kombination aus Pfanne und Backofen erreichen. Die Methode hat jedoch den Nachteil, dass die Kruste nicht wirklich erhalten bleibt. Durch das indirekte Weitergrillen sinkt die Außentemperatur des Fleisches und die Kruste weicht durch austretende Bratflüssigkeit wieder auf. Das ist natürlich sehr kontraproduktiv. Auf der anderen Seite hat das Vorwärtsgrillen jedoch den Vorteil, dass es zügig vorangeht und man nicht so viel am Grill umbauen muss wie beim Rückwärtsgrillen.

Grillt man ein Steak rückwärts, dann zieht man es indirekt auf die gewünschte Kerntemperatur und grillt es am Ende noch kurz direkt. So bekommt das Fleisch Farbe und eine gute Kruste. Im Gegensatz zum Vorwärtsgrillen bleibt die Kruste erhalten und weicht nicht auf. Allerdings ist der Aufwand beim Rückwärtsgrillen etwas höher, da der Grill zwischendurch umgebaut werden muss. Außerdem dauert der gesamte Garvorgang länger, da man öfter die Kerntemperatur prüfen muss und deshalb den Deckel öffnet.

ESPETADAS

ZUTATEN

Roastbeef, Tafelspitz oder Hüfte
in Würfel geschnitten.
eine Handvoll Lorbeerblätter
6 Zehen Knoblauch
2 Gemüsezwiebeln
Olivenöl
Grillspieße

KERNTEMPERATUR

55 Grad

Espetadas sind Grillspieße, die ihren Ursprung in Südamerika haben.

Knoblauch und Lorbeerblätter grob hacken, Olivenöl zugeben und eine Marinade anrühren. Die dient vor allem dazu, dass der Geschmack von Knoblauch und Lorbeer ins Fleisch einziehen kann. Das Fleisch in Würfel von ca. 4 mal 4 cm schneiden. Diese Würfel in die Marinade einlegen und dann mindestens 10 Stunden, am besten über Nacht, ziehen lassen. Am nächsten Tag das Fleisch gründlich abtropfen lassen, da sonst das Öl in den Grill tropft und brennt.

Die Würfel auf Spieße stecken. Man kann auch abwechselnd Zwiebelstücke oder Zwiebelscheiben dazwischen stecken. Die Spieße direkt grillen, damit das Fleisch eine schöne Kruste bekommt. Bei passender Kerntemperatur vom Grill nehmen.

WICHTIG:
Die Temperatur im Kern verändert sich manchmal stärker als gedacht, da der Spieß Wärme deutlich besser leitet als das Fleisch.

SKIRT-STEAK

ZUTATEN

Skirt-Steak
Salz, Pfeffer

KERNTEMPERATUR

56 Grad

Das Skirt-Steak verliert beim direkten Grillen sehr viel Fett. Dadurch kann es passieren, dass es sehr viele dunkle Brandspuren bekommt. Grundsätzlich ist dieses Steak sehr lecker, wenn es kräftig angegrillt wird. Aber natürlich sollte es auch nicht nur nach Feuer schmecken.

Es empfiehlt sich deswegen, das Skirt-Steak vorwärts zu grillen. Durch die Zeit am Ende über indirekter Glut kann das meiste Fett ausschmelzen, ohne dass zu starke Brandspuren entstehen. Der kräftige Geschmack bleibt erhalten und in dünne Streifen geschnitten passt es perfekt in Fajitas.

FLANKSTEAK

ZUTATEN

Flanksteak
Salz, Pfeffer

KERNTEMPERATUR

58 Grad

Das Geheimnis eines perfekten Flanksteaks liegt in der Faserrichtung. Wenn man das Steak entlang des Faserverlaufs schneidet, bleiben die langen Fasern erhalten und das Fleisch wird immer zäh schmecken, egal, was man damit anstellt. Wenn man dagegen die Faser bricht, indem man das Fleisch quer zur Faserrichtung schneidet, dann schmeckt das Fleisch mürbe und zart.

Das Flanksteak muss man nicht würzen. Es schmeckt von Natur aus kräftig und lecker. Allerdings kann man verschiedene Tricks anwenden, die den Geschmack beeinflussen. Zum Beispiel kann man das Steak schon vor dem Grillen salzen. Dann wird die Kruste stärker und schmeckt kräftig nach Salz. Oder man legt das Steak in Alkohol wie Whiskey oder Rum ein. Gibt man noch ein paar geschnittene Lauchzwiebeln dazu, zieht der Geschmack von Zwiebeln und Alkohol in die Randschichten des Fleisches ein.

Wenn der Grill bereit ist, kann man das Steak im Ganzen auflegen. Man sollte es jedoch nicht ausschließlich direkt grillen, denn sonst wird die Kruste irgendwann sehr dick. Ich empfehle hier rückwärts zu grillen, also das Steak zuerst fast auf die passende Kerntemperatur zu bringen und dann am Ende die Kruste direkt zu grillen.

BURGER-BASICS

BURGER-BUN/-BRÖTCHEN

ZUTATEN

3–4 mittelgroße Kartoffeln
Milch
Butter
550 g Mehl
200–220 g Hüttenkäse
2 Eier
1 EL Zucker
etwas Sonnenblumenöl
Salz
1 Würfel Hefe

Kartoffelpüree bildet die Basis dieser Burgerbrötchen. Dafür Kartoffeln schälen, klein schneiden und in Salzwasser garen. Kartoffeln abgießen und unter Zugabe von Milch und Butter stampfen, bis ein cremiges Püree entstanden ist. Mit Salz abschmecken, etwas abkühlen lassen.

Kartoffelpüree mit Hüttenkäse, einem Ei, einer Prise Zucker, Öl und einer Prise Salz in einer Schüssel gut verrühren. Anschließend die Hefe hineinbröseln und 300 g Mehl unterrühren. Einige Minuten weiterrühren. Nach und nach die restlichen 250 g Mehl unterkneten. Das dauert ca. 10 Minuten. Den leicht klebrigen Teig in eine eingeölte Schüssel legen und ca. 45 Minuten ruhen lassen. Anschließend den Teig nochmals durchkneten. In ca. 100–110 g schwere Stücke teilen und diese zu gleichmäßig runden Kugeln formen. Ca. 5 Minuten mit einem Küchentuch bedeckt ruhen lassen. Die Teigkugeln auf ein mit Backpapier ausgelegtes Backblech setzen und vorsichtig flachdrücken. Nochmals 15 Minuten gehen lassen. Etwas Milch mit dem zweiten Ei verquirlen und die Brötchen damit bepinseln. Im Grill indirekt backen, bis die Brötchen goldbraun sind. Das dauert je nach Temperatur 20 bis 30 Minuten.

BURGER-PATTY/-BRATLING

ZUTATEN

Rinderhack
Schweinefett (am besten gewolft)
Salz

KERNTEMPERATUR

55 Grad entspricht medium

Um ein perfektes Burger-Patty zu grillen, sollte man unbedingt darauf achten, dass das Fleisch genügend Fett enthält. Allerdings ist Rinderfett hier ungeeignet. Es empfiehlt sich, auf Schweinefett, Palmfett oder Kokosfett zurückzugreifen. Ein Anteil von ca. 15 Prozent Fett im Patty ist optimal. Man kann es auch mit weniger versuchen, aber je mehr Fett das Patty enthält, umso besser lässt es sich grillen und umso geschmackvoller und zarter wird es. Ich salze die Hackmasse leicht, aber Pfeffer gebe ich nicht hinzu, es ist aber möglich. Aus der Masse werden Kugeln von je ca. 100–150 g geformt und anschließend in einer Burger-Presse zu Patties gepresst. Es gibt ganz unterschiedliche Pressen. Manche formen eine Vertiefung in die Masse, sodass man das Patty noch füllen kann, andere kommen als simple Form daher, mit der sich einfach nur Burger-Patties vorbereiten lassen. Alle funktionieren.

Ein kleiner Tipp, der beim Grillen einen großen Unterschied macht: die fertigen Patties kurz anfrieren. Auf diese Weise lassen sie sich leichter bewegen und vor allem zu Beginn leichter grillen. Burger-Patties grillt man immer direkt.

FETA-PREISELBEER-BURGER

Den Burger-Bun antoasten, mit Salat belegen und darauf das gegrillte Patty legen. Auf das Patty gekrümelten Feta streuen und darauf die Preiselbeeren mit einem Löffel verteilen. Wer mag, streut für mehr Crunch noch Walnüsse darüber. Brötchendeckel auflegen.

ZUTATEN

Burger-Bun
Patty
Salat
Feta
Preiselbeeren
ggf. Walnüsse

BACON-CHEESE-BURGER

Den Burger-Bun antoasten, mit Salat belegen und darauf das gegrillte Patty geben. Die Reihenfolge der weiteren Zutaten kann variieren. Entweder legt man den Bacon direkt aufs Patty und fügt dann Zwiebeln und Tomaten hinzu oder man legt die Zwiebeln auf das Patty und schichtet dann Bacon und Tomate darüber. Die Zwiebeln können zuvor karamellisiert werden. Dafür die Zwiebeln in einer Pfanne mit Butterschmalz kurz anrösten, etwas Butter hinzufügen, um den Geschmack zu erhöhen und dann gegen Ende etwas Zucker dazugeben.

ZUTATEN

Burger-Bun
Patty
Käse, Salat
Bacon, Zwiebeln
Tomate

PHILLY-STEAK-BURGER

Das Roastbeef-Steak grillen und in Streifen schneiden. Sahne erhitzen und den Cheddar darin auflösen, bis eine zähflüssige Soße entsteht.

Auf dem angetoasteten Burger-Brötchen die Steakstreifen verteilen. Mit karamellisierten Zwiebeln belegen und anschließend mit der Cheddar-Soße übergießen. Den Brötchendeckel auflegen.

ZUTATEN

1 Roastbeef-Steak
Burger-Bun
karamellisierte Zwiebeln
Sahne
Cheddar

AUBERGINEN-ZUCCHINI-BURGER

Die Auberginen in große Scheiben schneiden. Anschließend salzen, pfeffern und ca. 30 Minuten warten. Während dieser Zeit die Zucchini in Scheiben schneiden. Dann beide Gemüsesorten direkt angrillen und indirekt noch etwas ziehen lassen. Gegen Ende den Cheddar auf die Aubergine legen. Auf den getoastete Burger-Bun legen.

ZUTATEN

1 Aubergine
1 Zucchini
Burger-Bun
Cheddar

BEEF BRISKET

ZUTATEN

eine komplette Rinderbrust, möglichst stark marmoriert, mit Fettdeckel

KERNTEMPERATUR

88–90 Grad

Beef Brisket gehört zur Königsdisziplin des Barbecues nach nordamerikanischem Vorbild, zur sogenannten „Holy Trinty“. Das Rezept ist also ein Muss für jeden Smoker-Fan. Es wird für 10–15 h im Smoker gegart, bis es die Kerntemperatur erreicht hat. Anschließend schneidet man es in dünne Scheiben und serviert es mit der passenden Soße. Eine gute Idee ist eine simple Bratensoße. Man dickt diese noch etwas ein und gießt sie dann über das Fleisch.

Man sollte das Fleisch immer quer zur Faser aufschneiden. So wird verhindert, dass es schon beim Schneiden den Großteil seines Fleischsaftes verliert und im Mund trocken wirkt.

PICANHA

ZUTATEN

Tafelspitz
Salz, Pfeffer
Grillspieße

KERNTEMPERATUR

56 Grad

Das Fleisch gründlich mit einem Küchentuch abtupfen und in Faserrichtung in ca. 5 cm dicke Stücke schneiden. Die Stücke mit der Fettseite nach außen zusammenrollen und auf den Spieß stecken.

Den Spieß zunächst indirekt auf den Grill legen und erst zum Schluss noch einmal direkt grillen, bis die gewünschte Bräunung erreicht ist.

Die Stücke vom Spieß nehmen, quer zur Faser aufschneiden und mit Salz und Pfeffer würzen.

RINDERFILET-STREIFEN

ZUTATEN

Rinderfilet
dunkle Sojasoße
Erdbeermarmelade

KERNTEMPERATUR

60 Grad

Rinderfilet dem Faserverlauf folgend in lange Streifen schneiden. Sojasoße und Erdbeermarmelade im Verhältnis 1:2 verrühren. Filetstreifen am besten über Nacht in der Mischung marinieren.

Die Marinade anschließend gründlich entfernen und die Streifen direkt grillen, aufschneiden und servieren.

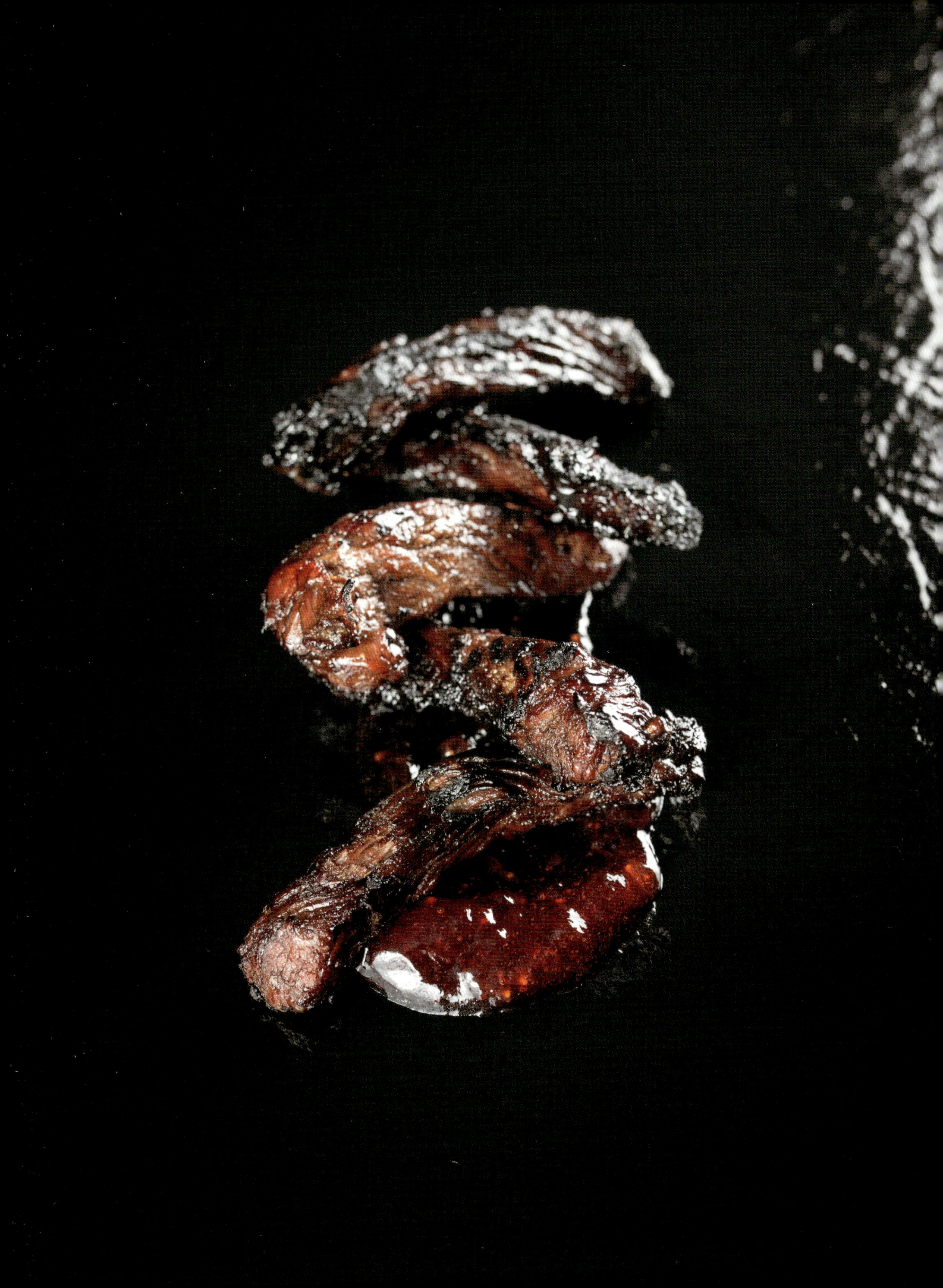

GEGRILLTER CAMEMBERT

ZUTATEN

1 runder, kleiner Camembert
ca. 500 Gramm Hackfleisch vom Rind
Pfeffer aus der Mühle

Die Menge des Hackfleischs sollte ausreichen, um den Camembert komplett darin einzupacken. Die Hackmasse mit Salz und Pfeffer würzen und rings um den Käse verteilen. Es entsteht so etwas wie ein überdimensionales Burger-Patty.

Den Hackbratling direkt grillen, bis das Fleisch fast durchgegart ist. Rinderhack muss nicht ganz durchgebraten werden – so bleibt auch das Fleisch saftig. Vor dem Servieren aufschneiden und in Stücke zerteilen. Der Käse im Inneren ist nun geschmolzen und der herzhafte Geschmack des Camemberts passt wunderbar zum Hackfleisch.

GEGRILLTES LAMMKARREE

ZUTATEN

1 Lammkarree

Rub (z.B. „Dancing Sirtaki" von Don Marco)

Rub selbst mischen:
Salz, Thymian, Rosmarin, Oregano, Pfeffer, Cayennepfeffer, Knoblauchgranulat, Zwiebelgranulat

KERNTEMPERATUR

55 Grad

Das Lammkarree leicht putzen und dabei die Silberhaut an der Knochenseite entfernen. Mit einem Trockenrub würzen und danach indirekt angrillen. Kurz bevor die Kerntemperatur erreicht ist, scharf direkt fertig grillen. So bekommt es eine tolle Farbe. Anschließend aufschneiden – dabei darauf achten, genau zwischen den Rippen zu schneiden.

SCHWEIN

»GUTES SCHWEINEFLEISCH STEHT RINDFLEISCH IN NICHTS NACH. VIELE SCHAUEN ERST KRITISCH, ABER NACH DEM ERSTEN BISSEN SIND SIE VON UNSEREM SCHWEINEFLEISCH HELLAUF BEGEISTERT.«

SCHWEIN

Schweinefleisch wird in Deutschland am meisten gegessen. Es verwundert also nicht, dass man versucht, dieses Fleisch möglichst effizient „herzustellen“. Dass es sich trotzdem um ein Tier handelt, wird dabei gerne mal vergessen.
Das ist einer der Gründe, warum wir bei „Dän grillt“ sehr schnell auf eine Rasse umgestellt haben, die langsam wächst und vor allem aus einer kleinen Zucht kommt. Genau wie beim Rind achten wir sehr auf die Tiere, deren Haltung und Aufzucht.

Das Stauferico-Schwein ist für uns das Optimum. Natürlich gibt es noch andere Rassen wie Duroc, Schwäbisch-Hällisches oder auch die originalen Iberico-Schweine aus Spanien.

Dass man vom Schwein mehr verwenden kann und sollte als nur das Filet, den Rücken oder den Nacken, ist inzwischen auch vielen Grillern klar. Aber es gibt ja so viele unterschiedliche Stücke, dass man sich am Ende dann vielleicht doch nicht traut, etwas Neues auszuprobieren.

Beim Schwein gibt es keine Reifezeiten, sondern man kann es direkt verarbeiten. Das bedeutet, dass sich die Zartheit des Fleisches über andere Faktoren definiert. So ist es beispielsweise sehr wichtig, dass intramuskuläres Fett eingelagert wurde. Und man sollte auch darauf achten, dass die Tiere nicht zu jung geschlachtet werden. Ein toller Fleischgeschmack entsteht erst durch Alter, genug und fettreiches Futter und eben auch die Rasse selbst. Das standardisierte Deutsche Industrieschwein wird hier natürlich am neutralsten schmecken.

Ein paar besondere Zuschnitte, aber auch die Klassiker, haben wir in einer Tabelle zusammengefasst. Außerdem stehen die entsprechenden Grillmethoden dabei. Die Rezepte sollen Mut machen, sie auszuprobieren oder abzuwandeln und selbst zu gestalten.

Die Zeiten von normalen Schweinenackensteaks sind vorbei!

FLEISCHTABELLE SCHWEIN

ZUSCHNITT	INFOS	GRILLMETHODE
KACHELFLEISCH/ FLEDERMAUS	Sitzt auf dem Schlegel. Ist sehr zart, aber auch sehr klein.	indirekt oder direkt
SCHWEINERÜCKEN	Sollte möglichst marmoriert sein. Fettdeckel sollte möglichst dick sein. Kann am Stück oder als Steak gegrillt werden. Steakdicke min. 3 cm.	indirekt oder direkt
SCHWEINEFILET	Hat sehr wenig Eigengeschmack. Immer mit dem Filetkopf kaufen, diesen kann man im Notfall separat verwenden.	indirekt oder direkt
SCHWEINEKARREE	Schweinerücken mit Rippenknochen.	indirekt oder direkt
BABYBACK-RIBS	Kotelett-Rippchen am Ende des Rippenbereichs. Perfekt für BBQ.	Low and Slow BBQ
ST. LOUIS-CUT RIBS	Große Spareribs – entsprechen fast dem kompletten Rippenschild. Haben am Ende einen Knorpelbereich, die sogenannten Rib-Tips. Amerikanisches BBQ wird mit diesen Ribs bestritten.	Low and Slow BBQ
SCHWEINENACKEN	Gut für Pulled Pork geeignet oder als Steaks, die allerdings immer etwas durchwachsen sind. Steakdicke min. 3 cm.	indirekt oder direkt Low and Slow BBQ
SCHWEINESCHULTER	Perfekt für Pulled Pork geeignet.	Low and Slow BBQ

GEFÜLLTER SCHWEINERÜCKEN

ZUTATEN

Schweinerücken
Senf
Bacon in Scheiben

Füllung 1:
geriebener Käse
Frühlingszwiebeln
gewürfelter, knusprig
gebratener Speck
Paprikastreifen

Füllung 2:
Feta
gehackte Zwiebeln
gehackter Knoblauch
Thymian
Rosmarin

Füllung 3:
rotes Pesto
geraspelter Parmesan

KERNTEMPERATUR

70 Grad

Den Schweinerücken in Längsrichtung aufschneiden. Dabei darauf achten, dass ein langgezogener Schnitt entsteht. Eine Füllung zubereiten und die Mischung in die entstandene Tasche geben. Nun den Rücken wieder zudrücken und außen leicht mit Senf einreiben. Anschließend ein Netz aus Schweinebauchspeckstreifen legen und den Rücken darin einrollen. Alles mit Metzgerschnur festbinden, damit es beim Grillen nicht auseinanderfällt. Den Rücken indirekt bis zur Ziel-Kerntemperatur grillen. Am Ende den Speck noch etwas direkt über dem Feuer anknuspern.

DEPPENGALEERE

ZUTATEN

Schweinefilet
Senf
rotes Pesto
geriebener Cheddar
geschnittene Frühlingszwiebeln
Bacon in Scheiben

KERNTEMPERATUR

65 Grad

Die Basis für die Deppengaleere ist ein Schweinefilet. Dieses schneidet man auf der Oberseite der Länge nach auf, sodass eine Tasche entsteht. Beim Schneiden darauf achten, dass der Schnitt oben und unten nicht durchgeht und man auch nicht bis zur Rückseite durchsticht. Diese Tasche kann nun gefüllt werden. Ich nehme gern wahlweise Senf oder Pesto und gebe Käse und etwas geschnittene Frühlingszwiebeln dazu. Anschließend legt man einzelne Bauchspeckstreifen überlappend nebeneinander, sodass ein Bacon-Teppich entsteht. Auf diesen legt man das gefüllt Filet und rollt es darin ein. Damit der Bacon beim Grillen am Fleisch bleibt, empfiehlt es sich, das Ganze mit Küchengarn zuzubinden. Dies ist gut auf dem Foto zu erkennen. Auf beiden Seiten des Fleisches der Länge nach kurze Spieße auf gleicher Höhe einstecken. Nun sieht das Filetstück aus wie eine Galeere, die nur auf jeder Seite Paddel hat – daher der Name Deppengaleere.

Die ganze Galeere indirekt grillen, bis die Kerntemperatur erreicht ist und der Bacon schön kross aussieht. Zum Servieren in Scheiben schneiden.

BABYBACK-RIBS

ZUTATEN

Ribs
Apfelsaft in einer Sprühflasche
Rub (Fertigmischung z.B. „Cherry Bomb“ von Don Marco)

Rub selbst mischen:
Paprika edelsüß, Knoblauchgranulat, brauner Zucker, Salz, Majoran

BBQ-Soße

KERNTEMPERATUR

88 Grad

Silberhaut von den Ribs entfernen, dabei kann man einen kleinen Löffel zu Hilfe nehmen. Den Rub ins Fleisch massieren. Im Smoker 4–10 h garen. Immer wieder mit etwas Apfelsaft aus der Sprühflasche besprühen. Die Flüssigkeit hilft dem Fleisch dabei, saftig zu bleiben und bringt bereits Süße an die Ribs.

Die Ribs sind fertig, wenn die Knochen seitlich aus dem Fleisch kommen und sich das Fleisch vom Knochen löst.

Die Ribs mit Soße bestreichen. Die Soße auf dem Fleisch warm werden lassen, anschließend die Ribs portionsweise zerschneiden und servieren.

PULLED PORK

ZUTATEN

Schweinenacken oder
-schulter
Senf
Rub (z.B. „Pork Powder“
von Don Marco)

Rub selbst mischen:
Paprika edelsüß, Chili-
pulver, brauner Zucker,
Salz, Knoblauchgranulat

BBQ-Soße
Brötchen

Für den Cole Slaw:
Weißkohl oder besser
Spitzkohl
Karotten (Mengenverhält-
nis: 2/3 Kohl, 1/3 Karotten)
Rohrzucker
Essig

KERNTEMPERATUR

90 Grad

Fleisch trocken tupfen und dann mit Senf rundherum einstreichen. Dann den Rub einmassieren. Nun in den Smoker legen, bis die Kerntemperatur erreicht ist. Dies kann sehr lange dauern. Es gibt nämlich eine sogenannte Plateau-Phase, bei der das Kollagen in den Muskelsträngen umgebaut werden muss. Während dieser Phase steigt die Kerntemperatur nicht mehr an, sondern verharrt oder geht sogar wieder nach unten. Um diese Phase zu verkürzen und so schneller fertig zu werden, kann man das Fleisch in sogenanntes „Butcher Paper“ oder Pergament einwickeln.

In der Zwischenzeit den Cole Slaw zubereiten: Kohl und Karotten grob reiben und in einer Schüssel mit Rohrzucker und Essig mischen. Mit Salz und Pfeffer abschmecken und durchziehen lassen.

Das fertig gegarte Fleisch auseinanderzupfen, sodass die Fleischfasern getrennt werden. BBQ-Soße in einem Topf auf der Feuerbox des Smokers erhitzen. Soße und gezupftes Fleisch mischen. Dabei am besten Handschuhe anziehen – Achtung heiß! Brötchen aufschneiden, eine Portion Cole Slaw auf dem Brötchenboden verteilen, eine Portion Pulled Pork darauf geben und zusammen mit einer Serviette an die Gäste reichen.

MOINK-BALLS

ZUTATEN

Hackfleisch
Salz, Pfeffer
Cheddar-Käsewürfel
Bauchspeckstreifen
BBQ-Soße
Holzspieße

KERNTEMPERATUR

80 Grad

Das Hackfleisch mit Salz und Pfeffer würzen und anschließend zu Kugeln formen. Diese Fleischbällchen kann man auch noch füllen, indem man z.B. einen Cheddar-Würfel mit dem Hackfleisch umhüllt.

Die Kugeln mit Baconstreifen umwickeln und mit einem Holzspieß fixieren. Gegrillt werden die Moink-Balls am besten zuerst indirekt und dann am Ende direkt, damit sie eine schöne Farbe bekommen. Man sollte sie ganz am Ende noch glasieren, zum Beispiel mit einer BBQ-Soße.

KACHELFLEISCH

ZUTATEN

Kachelfleisch
Salz
Pfeffer

KERNTEMPERATUR

65 Grad

Kachelfleisch, auch Fledermaus genannt, ist ein selten verwendetes Fleischstück vom Schlögl des Schweins. Es ist sehr zart und kann super gegrillt werden. Die Stücke sind recht flach und lassen sich gut direkt grillen. Vor dem Servieren in Streifen schneiden und kurz salzen und pfeffern.

GEFLÜGEL

»ICH HÄTTE GERNE EINEN PUTENSPIESS.
UND NOCH EINEN. UND NOCH EINEN.
UND NOCH EINEN.«

GEFLÜGEL

In den vergangenen Jahren wurde das Thema Geflügel hauptsächlich von Skandalen bestimmt. Es ist nicht leicht, Geflügel zu finden, das man mit gutem Gewissen kaufen kann. Die meisten Menschen kaufen sowieso nur die Brust und kein ganzes Tier, was am Ende dazu führt, dass leider viel zu viel weggeworfen wird. Ich habe auch deshalb bewusst in einigen meiner Rezepte ganze Tiere verwendet.

Beim Grillen von Geflügel ist ein sehr wichtiger Punkt zu beachten: Die Kerntemperatur muss aufgrund der Salmonellengefahr bei mindestens 78 Grad liegen, höher ist noch besser.

Geflügel hat von sich aus nur wenig Eigengeschmack. Deshalb darf man gern stärker würzen. Allerdings machen auch hier Rasse und Haltung einen Unterschied. Wenn man französische Hühner nimmt oder Maishähnchen, wird man einen stärkeren Eigengeschmack wahrnehmen, da diese Tiere mehr Fett ansetzen und vor allem etwas älter werden. Das deutsche Standard-Hähnchen hat geschmacklich deutlich weniger zu bieten.

Wichtig: Beim Grillen von Geflügel muss die Kerntemperatur bei mindestens 78 Grad liegen.

FLEISCHTABELLE GEFLÜGEL

TEILSTÜCK	INFOS	GRILLMETHODE
GANZES HÜHNCHEN	Möglichst eine fette Rasse nehmen und lieber ein Hähnchen als ein weibliches Huhn.	indirekt
HÜHNERSCHLEGEL	Einzelne Schlegel immer gut würzen, das meiste Gewürz bleibt auf der Haut hängen.	indirekt oder direkt
HÜHNERFLÜGEL	Man kennt sie als „Chicken Wings“, darauf achten, dass auch die kleinen Federn alle entfernt wurden. Am Ende glasieren.	indirekt oder direkt
HÜHNERHERZEN	Am Spieß grillen und mit Knoblauch, Thymian und Salz/Pfeffer würzen.	direkt
HÜHNERBRUST	Wird schnell trocken, daher immer mit Thermometer arbeiten. Lässt sich super glasieren.	indirekt

HÜHNER-LOLLIE

ZUTATEN

Hühnerschlegel
Rub (z.B. Fertigmischung „PigWing“ von Don Marco)

Rub selbst mischen:
Sesam, brauner Zucker, Salz, Paprika edelsüß, Currypulver, Chili, Knoblauchgranulat

BBQ-Soße

KERNTEMPERATUR

78 Grad

Die Haut oben am Hühnerschlegel rundherum einschneiden. So kann man sie leicht nach unten schieben. Mit der Haut auch das Fleisch nach unten drücken, sodass ein runder „Lollie“ entsteht. Die Haut sollte am Fleisch bleiben. Rundherum Rub einmassieren. Den Lollie indirekt angrillen und ihm am Ende durch direktes Grillen noch Farbe geben. Eine Glasur sorgt für perfektes Finish.

AUTOBAHN-HÜHNCHEN

ZUTATEN

1 ganzes Huhn
Rub (z.B. „PigWing"
von Don Marco)

Rub selbst mischen:
Paprika edelsüß, brauner Zucker, Knoblauchgranulat, Salz, Pfeffer, Curry

oder falls gebrined werden soll: Orangensaft, Sojasoße, Petersilie, Frühlingszwiebeln

KERNTEMPERATUR

78 Grad

Das Huhn von den Knochen im Brustbereich befreien. Dabei zuerst die innere Karkasse herauslösen. Sobald diese entfernt ist, das Huhn möglichst flach drücken. Die Knochen in den Beinen und Flügeln werden belassen. Anschließend entweder mit einem Trocken-Rub würzen oder in eine Brine aus Frühlingszwiebeln, Petersilie, Orangensaft und Sojasoße legen und über Nacht ziehen lassen. Das Huhn am nächsten Tag aus der Brine nehmen, leicht trocken tupfen und indirekt grillen.

BBQ-PUTENSPIESSE

ZUTATEN

Putenbrust
Bauchspeckstreifen

Rub selbst mischen:
brauner Zucker, Salz,
Paprika edelsüß,
Knoblauchgranulat,
Chili-Pulver

BBQ-Soße
Holzspieße

KERNTEMPERATUR

78 Grad

Das Putenfleisch von Sehnen befreien und anschließend in mundgerechte Würfel schneiden. Die Würfel in die Speckstreifen wickeln. Beim Spießen darauf achten, dass die Röllchen nicht aufgehen können: Die offenen Seiten gegeneinander aufspießen und die Fettseiten des Specks immer auf eine Seite drehen. Auf jeden Spieß drei Putenröllchen stecken. Mit Gewürzmischung bestreuen und andrücken. Indirekt grillen. Kurz bevor die Spieße fertig sind, mit BBQ-Soße glasieren.

BEER BUTT CHICKEN

ZUTATEN

ein ganzes, ausgenommenes Hähnchen
Bier oder Orangensaft

Rub selbst mischen:
brauner Zucker, Curry, Salz, Paprika edelsüß, Cayennepfeffer, Zwiebelgranulat

KERNTEMPERATUR

78 Grad

Viele grillen diese Chicken-Variante direkt auf der Bierdose. Das ist allerdings aus gesundheitlichen Gründen nicht zu empfehlen. Durch die Hitze lösen sich Farb- und Lösungsmittel von der Dose und die will man schließlich nicht in seinem Essen haben. Eine deutlich gesündere Variante sind spezielle Hähnchen-Halterungen. Diese haben in der Mitte einen hohlen Kegel, in den man das Bier oder – falls man keinen Alkohol möchte – Orangensaft füllt und anschließend das Hühnchen setzen kann.

Anschließend den Rub der Wahl ringsum in das Huhn massieren und Huhn mit Halterung in den Smoker oder auf den Grill stellen. Indirekt grillen, bis die Kerntemperatur erreicht ist.

Durch die Hitze im Grill verdampft das Bier und verteilt sich im Inneren des Hähnchens. So wird es wunderbar saftig. Von außen bekommt es eine leckere Kruste, da dort keine Flüssigkeit hingelangt.

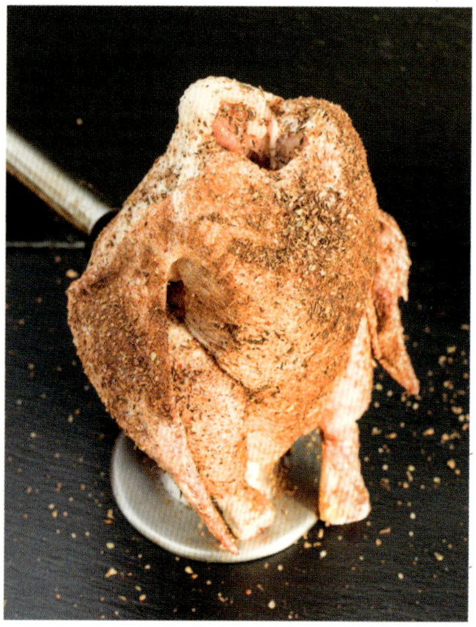

FISCH

»DER LACHS IST NOCH NICHT DURCH.
DOCH – DAS HEISST GLASIG UND BEDEUTET,
DASS ER PERFEKT IST.«

FISCH

Fisch auf dem Grill ist eine tolle Sache. Allerdings ist es sehr wichtig, für jeden Fisch genau die richtige Garmethode zu finden. Manche Arten brauchen starke Hitze und direktes Feuer, andere lassen sich am besten im Rauch bei niedriger Temperatur veredeln.

Beim Grillen von Fisch richtet sich vieles nach ihrem jeweiligen Fettgehalt. Ist der Fisch sehr fett, lässt er sich auch gut direkt grillen. Bei mageren Arten ist eine indirekte Garmethode besser, um sie saftig und zart zu erhalten.

Grundsätzlich ist es immer besser, den Fisch mit Haut zuzubereiten. Sie dient als Schutz beim Garen und sie sorgt dafür, dass das Fischfilet saftig bleibt.

Was sich immer beim Zubereiten von Fisch empfiehlt, ist das Grillen mit einer Auflage – das können beispielsweise Salz- oder Holzplanken sein. Unsere Holzplanken sind aus Zedernholz, das entwickelt einen tollen Geschmack und aromatischen Rauch. Die Salzplanken bringen einfach nur Salz ans Gargut – man kann sie auch für anderes Fleisch nutzen.
Eine Auflage sorgt also einerseits für mehr Geschmack, sie verhindert außerdem, dass das Fischfilet auf dem Rost anbäckt.

Grillt man ganze Fische, sollte man Kräuter und Gewürze im ausgewaschenen Bauchraum unterbringen. Der Geschmack zieht dann in den ganzen Fisch ein und am Ende muss nur noch die Haut entfernt werden, um an die Filets zu kommen. Diese salze ich nach dem Grillen kurz und löse sie dann auf einem Teller aus.

Auch wenn es nicht ganz günstig ist: Fisch sollte immer aus nachhaltigem Fang gekauft werden. Das ist der Grund, warum es bei mir zum Beispiel keinen Thunfisch gibt und auch nicht geben wird.

Tipp: Ganze Fische grillen und sie mit Kräutern und Gewürzen füllen. So verteilt sich der Geschmack im gesamten Fleisch.

DIESE FISCHARTEN LASSEN SICH BESONDERS GUT GRILLEN:

FISCH	INFOS	GRILLMETHODE
LACHS	Ist fettreich, verzeiht viele Fehler, kann viele Geschmacksrichtungen annehmen. Gibt es als Filet mit Haut und ohne Haut. Man kann ihn auch auf den Spieß geflochten grillen.	indirekt
DORADE	Ist fettreich. Diesen Fisch immer füllen, um Geschmack ins Fischfleisch zu bekommen.	indirekt oder direkt
WOLFSBARSCH	Hat festes Fleisch. Am besten am Stück grillen.	indirekt
FORELLE	Ist fettreich. Kann beim Grillen leicht trocken werden.	indirekt
GARNELEN	Möglichst große Exemplare kaufen. Sind schnell gegrillt. Entweder marinieren oder glasieren.	indirekt oder direkt

LACHS VON DER ZEDERNPLANKE

ZUTATEN

1 Lachshälfte mit Haut
1 Limette
etwas Salz
Soße zum Glasieren
(z.B. ein Mix aus Sojasoße,
Fischsoße und
Sweet-Chilli-Soße)

KERNTEMPERATUR

49 Grad

Die Lachshälfte abtupfen. Auf die Länge der Zedernplanke zuschneiden und anschließend das Lachsfilet bis zur Haut in Portionen schneiden, aber nicht komplett durchschneiden.

Limette halbieren und in dünne Scheiben schneiden. Die Limettenscheiben in die Schnitte stecken, den Lachs leicht salzen und glasieren. Im Smoker bis zur Kerntemperatur grillen. Bei Bedarf den Lachs gegen Ende mit der Soße erneut glasieren. Mit einer flachen Kelle oder einem Pfannenwender eine Portion von der Haut lösen und mit Limettenscheiben servieren.

GRILLDORADE

ZUTATEN

1 Dorade
1 Limette
frischer Dill

KERNTEMPERATUR

55 Grad

Die Limette in Scheiben schneiden. Die ausgenommene Dorade innen mit Küchenpapier abtupfen – so geht man sicher, dass auch wirklich alle Innereien draußen sind. Anschließend kann die Goldbrasse, wie die Dorade auch genannt wird, mit Limettenscheiben und Dill gefüllt werden. Damit sie beim Grillen ihre Füllung nicht verliert, umwickelt man sie einige Male mit Küchengarn. Vorsicht bei der Rückenflosse. Sie ist mit Stacheln besetzt, an denen man sich schnell verletzt. Nun kann die Dorade indirekt auf den Grill, bis sie die Kerntemperatur erreicht hat. Vorsichtig mit der Grillzange hantieren, damit das Fleisch nicht verletzt wird.

Die Dorade hat festes Fleisch und deutlich weniger Gräten als andere Fischarten. Nach dem Grillen zuerst den Bindfaden entfernen. Anschließend kann man die Haut vom unteren Bauch her in Richtung der oberen Rückenflosse langsam abziehen. Nun lässt sich das Fleisch ganz einfach von den Gräten schieben. Die Limetten-Dill-Füllung hat ihr Aroma an das Fleisch abgegeben, sodass die Füllung mit den Gräten entsorgt werden kann. Aber vorher das Fleisch der Fischbäckchen nicht vergessen! Es ist das zarteste am ganzen Fisch!

GARNELENSPIESS

ZUTATEN

Garnelen
Knoblauch
Thai-Chicken-Chili-Soße
helle Sojasoße
Holzspieße oder einen
Stängel Zitronengras

KERNTEMPERATUR

60 Grad

Garnelen kurz waschen und dann in einer Marinade aus Knoblauch, Thai-Chicken-Chili-Soße und heller Sojasoße einlegen. Über Nacht ziehen lassen. Am nächsten Tag aus der Marinade nehmen und die Tiere im Ganzen auf einen Spieß ziehen. Die Garnelen direkt grillen, bis sich die Außenhaut rosa verfärbt hat. Sobald die gesamte Außenhaut rosa ist, sind die Garnelen fertig.

Man kann zusätzlich mit einem Thermometer versuchen, die Kerntemperatur des Fleischs zu messen. Das Fleisch im Inneren ist aber schwer zu treffen.

Vor dem Essen darauf achten, dass man nicht nur die Schale, sondern auch den obenliegenden Darm entfernt, bevor man in die Garnele beißt.

ZITRONEN-FORELLE

ZUTATEN

Forelle
Dill und/oder glatte Petersilie
1 Zitrone
Salz und Pfeffer

Pergamentpapier
Küchenschnur

KERNTEMPERATUR

55 Grad

Kräuter grob hacken, Zitrone in Scheiben schneiden. Die Forelle innen und außen mit Salz und Pfeffer würzen. Die Kräuter und die Zitronenscheiben in die Forelle schieben. Den Fisch in das Pergamentpapier einwickeln, die Papierenden einschlagen und mit der Küchenschnur fixieren. So lange indirekt grillen, bis die Kerntemperatur erreicht ist.

GENAGELTER LACHS

ZUTATEN

Lachsfilet
Senf
Limettensaft
Salz und Pfeffer

blanke Stahlnägel
ein Holzbrett

KERNTEMPERATUR

49 Grad

Das gesamte Lachsfilet mit einer Glasur aus Senf, Limettensaft, Salz und Pfeffer bestreichen. Anschließend das Filet mit der Hautseite nach unten auf ein Holzbrett nageln. Niemals Zinknägel verwenden und die Nägel möglichst nur am Rand einschlagen, mit einem Abstand von ca. 5 cm zueinander.

Das Brett nun mit Steinen so fixieren, dass es leicht schräg vornüberhängend ins Feuer schaut. Je nach Größe des Grills kann es auch in den Rost geklemmt werden. Die starke Hitze des Feuers gart den Lachs langsam durch. Die Glasur immer wieder mit einem Pinsel auftragen. Dadurch, dass sie so flüssig ist, wird sie wieder herunterlaufen. Deshalb muss der Vorgang immer wieder wiederholt werden. Je mehr Senf man in die Glasur gibt, desto stärker dickt sie an (und läuft dann nicht mehr so schnell herunter). Allerdings verändert sich auch der Geschmack.

LACHS-JAKOBSMUSCHEL-ROLLE

ZUTATEN

Lachsfilet ohne Haut
Jakobsmuscheln
Rosmarinzweige

KERNTEMPERATUR

60 Grad

Den Lachs leicht anfrieren (so lässt er sich besser schneiden). Dann das Filet ohne Haut in möglichst lange Streifen schneiden. Die Streifen müssen genau einmal um die Jakobsmuschel reichen. Am besten gelingt dies, wenn man einen Teststreifen macht und dann die anderen langen Stücke entsprechend anpasst.

Die Jakobsmuscheln mit je einem Lachsstreifen umwickeln und dann einen angespitzten und vorn von Nadeln befreiten Rosmarinzweig hindurchstecken, sodass der Streifen fest am Muschelfleisch haftet.

Die Röllchen am besten auf einer Salzplanke garen. Dadurch kommt viel Salz an Muschel und Lachs und gleichzeitig wird indirekt gegart. Wenn sich die Rolle von der Planke lösen lässt, kann sie gewendet werden. Sobald die Kerntemperatur 60 Grad beträgt, vom Grill nehmen. Dann ist die Muschel noch ganz leicht glasig.

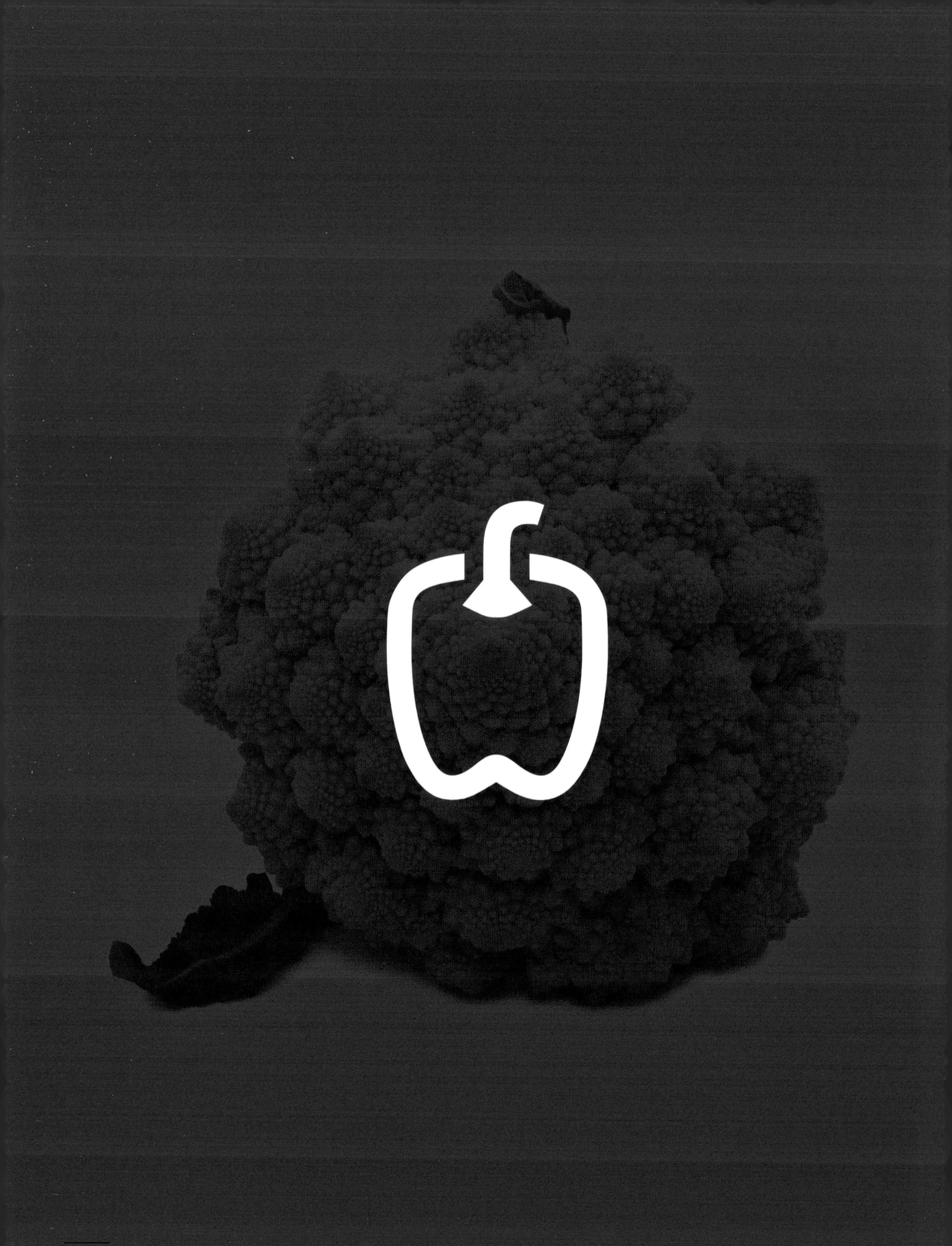

GEMÜSE

»GEMÜSE ZU GRILLEN IST EINE GENIALE
SACHE. ES SCHMECKT SUPER,
MAN KANN DIE AROMEN DURCHS GRILLEN
NOCH VERSTÄRKEN UND FLEISCH-FANS
ERÖFFNET SICH EINE NEUE WELT.«

GEMÜSE

Gemüse macht sich auf dem Grill ganz hervorragend. Man kann es prima mit anderen Rezepten kombinieren. Aber nicht nur als Beilage ist Gemüse eine tolle Sache. Es überzeugt auch als Hauptmahlzeit.

Gemüse verliert beim Grillen viel Wasser. Das heißt einerseits, dass es nicht so knackig und saftig bleibt, wie es war, andererseits sorgt die reduzierte Flüssigkeit dafür, dass sich der Geschmack intensiviert.

Damit kleines und geschnittenes Gemüse beim Grillen nicht durch den Rost fällt, hilft der Einsatz einer Grillplatte. Die erzeugt außerdem ein tolles Muster auf dem Grillgut.

Gemüse, das an sich wenig Eigengeschmack mitbringt, wird durch eine Füllung mit Käse oder Fleisch zum vollwertigen Gericht.

Bei „Dän grillt“ versuchen wir, ausschließlich Gemüse der jeweiligen Saison einzusetzen. Deshalb verändern sich unsere Gemüsepäckchen zum Beispiel ständig, abhängig von der Jahreszeit. Im Herbst und Winter sind sie mit Rüben und verschiedenen Wintergemüsen gefüllt und im Sommer mit Tomaten, Paprika etc. Ich kann nur empfehlen, auf saisonales Gemüse zu setzen. Es schmeckt so viel besser, wenn man es in der Zeit verwendet, in der es von Natur aus wächst und seine volle Kraft entfaltet. Wer schon einmal Tomaten im Winter gekauft hat, versteht sofort, was ich meine.

Manchmal ist es auch ein kleines Abenteuer, sich auf das saisonale Grillen einzulassen. Man muss immer wieder experimentieren und sich an Zutaten wagen, die man bisher vielleicht nicht auf dem Schirm hatte. Aber genau das ist meine Leidenschaft! Ich habe großen Spaß daran, immer wieder neue Rezepte auszuprobieren und mich von neuen Kombinationen und Aromen überraschen zu lassen.

»Wer auf saisonales Gemüse setzt, wird mit intensivem Geschmack belohnt.«

SAISONKALENDER

	JAN	FEB	MÄR	APR	MAI	JUN	JUL	AUG	SEP	OKT	NOV	DEZ
AUBERGINEN					Gewächshaus	Gewächshaus	Gewächshaus	Freiland	Freiland	Gewächshaus		
CHAMPIGNONS	Freiland	Freiland	Freiland	Freiland	Freiland	Freiland	Freiland	Freiland	Freiland	Freiland	Freiland	Freiland
KARTOFFELN	Lagerung	Lagerung	Lagerung	Lagerung	Lagerung	Freiland	Freiland	Freiland	Freiland	Freiland	Lagerung	Lagerung
KÜRBIS	Lagerung	Lagerung	Lagerung	Lagerung					Freiland	Freiland	Freiland	Lagerung
PAPRIKA						Gewächshaus	Gewächshaus	Freiland	Freiland	Freiland		
LAUCH	Freiland	Freiland	Freiland				Freiland	Freiland	Freiland	Freiland	Freiland	
ROTE BEETE	Lagerung	Lagerung	Lagerung	Lagerung					Freiland	Freiland	Freiland	Lagerung
SCHWARZ-WURZELN	Freiland	Freiland								Freiland	Freiland	Freiland
TOMATEN					Gewächshaus	Gewächshaus	Gewächshaus	Freiland	Freiland	Freiland		
ZUCKERMAIS									Freiland	Freiland		
ZUCCHINI							Freiland	Freiland	Freiland	Freiland		
ZWIEBELN							Freiland	Freiland	Freiland	Freiland	Lagerung	Lagerung
ÄPFEL	Lagerung	Lagerung	Lagerung	Lagerung	Lagerung	Lagerung	Lagerung	Freiland	Freiland	Freiland	Lagerung	Lagerung
RHABARBER					Freiland	Freiland						
WASSER-MELONE								Freiland	Freiland			

= Freiland

= Gewächshaus

= aus der Lagerung

AUBERGINEN-RÖLLCHEN

ZUTATEN

Aubergine
Schafskäse mit Hirtenkräutern
Stückige Tomaten aus der Dose
Salz

Die Aubergine in dünne Scheiben (ca. 3 mm dick) schneiden. Dies gelingt am besten mit einem Gemüsehobel – damit werden die Scheiben gleichmäßig und nicht zu dick. Die Scheiben salzen, etwas stehen lassen und dann in Öl anbraten, bis sie weich werden. Die Haut der Aubergine darf dabei nicht zu kross werden. Auf diese Weise lassen sie sich später gut aufrollen.

Nun den Schafskäse in Streifen schneiden. Die Stücke sollten so lang wie eine Auberginenscheibe sein und so dick wie ein kleiner Finger. Die Fetastreifen mit den Auberginenscheiben umwickeln und in eine feuerfeste Auflaufform legen. Die stückigen Tomaten darüber verteilen. Alles zusammen indirekt grillen. Wenn der Sud warm und der Käse innen weich ist, sind die Röllchen fertig.

SAISONALES GEMÜSEPÄCKCHEN

ZUTATEN pro Päckchen

1 gelbe Paprika
2 Lauchzwiebeln
6 kleine Kirschtomaten
(Gemüse je nach Saison austauschen)
1 Scheibe Feta
Cayennepfeffer
Knoblauchgranulat, Salz,
Rosmarin und Thymian

Pergamentpapier
Küchengarn

Gemüse in mundgerechte Stücke schneiden und in eine große Schüssel geben. Anschließend mit Cayennepfeffer, Knoblauchgranulat und Salz würzen. Gut durchmischen. Pergamentpapier in Stücke von jeweils ca. 20 x 20 cm schneiden. Alternativ kann man auch vorgeschnittene Backpapierbögen nehmen. Fetakäse darauf legen und etwa eine Hand voll Gemüse dazu packen. Lässt man den Käse weg, verdoppelt man die Gemüsemenge.

Die Kanten des Papiers nach oben zusammenführen und mit einem Faden zusammenbinden. Den Faden so fest binden, dass das Päckchen nicht aufgeht. Die Päckchen indirekt so lange grillen, bis das Gemüse bissfest gegart ist.

ROSMARIN-WOK-KARTOFFELN

ZUTATEN

kleine vorgekochte Kartoffeln
Erdnussöl
Salz, Rosmarin, Thymian

Einen gusseisernen Wok kann man ohne Problem auf Kohle oder auf dem Grill verwenden.

Für dieses Rezept braucht man möglichst kleine Kartoffeln, die ungefähr Walnuss-Größe haben. Diese sollten geschält und kurz gekocht werden, bis sie fast gar sind.

Anschließend die Kartoffeln mit ordentlich Erdnussöl in den Wok geben und diesen auf den Grill stellen. Oft bewegen, da sie sonst im Wok anbacken und festkleben. Dort bekommen sie eine leckere goldgelbe bis hellbraune Kruste. Abgeschmeckt mit grobem Salz sowie Rosmarin und Thymian sind sie die perfekte Grillbeilage.

GEFÜLLTER KÜRBIS

ZUTATEN

1 Speisekürbis
(z.B. Hokkaido)
1 Stück Gorgonzola-Käse
2 Becher Sahne

Der Kürbis sollte nicht zu groß sein – sonst passt er möglicherweise nicht auf den Grill und die Garzeit erhöht sich stark. Vorsichtig den Deckel abschneiden und zur Seite legen. Mit einem Löffel die Kerne entfernen, dabei darauf achten, dass genug Fleisch übrig bleibt und der Kürbis kein Loch in der Wand hat.

Auf dem Herd eine Gorgonzola-Sahnesoße kochen. Dafür den Käse und die Sahne in einen Topf geben und unter Rühren erhitzen, bis sich alles zu einer Soße verbunden hat. Die Soße in den Kürbis füllen und den Kürbis-Deckel wieder draufsetzen.

Den Kürbis entweder im Smoker garen oder indirekt auf dem Grill. Ist das Fleisch innen weich, ist er fertig und kann mitsamt Kürbisfleisch ausgelöffelt werden.

GEGRILLTER KOHLKOPF

ZUTATEN

ein Kohlkopf
Butter
Salz und Pfeffer

Den Kohlkopf vorsichtig oben anschneiden und aushöhlen. Dabei darauf achten, dass genügend Rand stehen bleibt und die Wände des Kohlkopfes nicht durchstochen werden. So entsteht eine praktische Schale, in der später der fertige Kohl serviert werden kann.

Die Blätter aus dem Inneren des Kohlkopfes klein schneiden. Etwas Butter in eine Pfanne oder einen Wok geben und den Kohl darin auf dem Grill andünsten. Mit Salz und Pfeffer abschmecken und zum Servieren wieder in die Kohlschale füllen. In dieser „Schale" kann man ihn auch indirekt auf dem Grill warmhalten.

GEFÜLLTE PILZE

ZUTATEN

ganze Champignons
Kräuterfrischkäse
oder Kräuterbutter
oder Gorgonzolasoße
oder Cheddar

Pilze können mit fast allem gefüllt werden, was einem schmeckt. Ich empfehle Kräuterfrischkäse, Gorgonzolasoße oder Cheddar. Damit die Füllung Platz hat, sollten die Champignons möglichst groß sein.

Zuerst wird der Stiel entfernt und anschließend kann die Pilzkappe bis zum Rand mit der Füllung der Wahl gefüllt werden. Die Pilze indirekt auf dem Rost garen. Man kann sie auch eine gewisse Zeit direkt von unten angrillen. Das ergibt mehr Röstaromen und noch mehr Geschmack.

GEFÜLLTE JALAPEÑOS

ZUTATEN

Jalapeños
Cheddar
Bauchspeckstreifen

Jalapeños kurz unter dem Stielansatz gerade abschneiden, sodass eine Öffnung entsteht. Ein Stück Cheddar in die Schote stecken und anschließend komplett mit Bacon umwickeln, bis kein Grün mehr sichtbar ist. Diese Bacon-Rollen direkt grillen, bis der Käse geschmolzen ist. Heiß servieren.

Tipp:
Wenn man die Jalapeños zusammen aufspießt, lassen sie sich auf dem Grill leichter bewegen. Es gibt sogar sogenannte Jalapeño-Halter, in die man die Schoten hineinstellen kann.

GEGRILLTE AVOCADO

ZUTATEN

1 Avocado,
ca. 6 kleine Kirschtomaten
1 Zwiebel
1 Scheibe Feta
Salz, Pfeffer
ggf. Kräuter wie Basilikum, Rosmarin

Avocado halbieren und den Kern entfernen. Das Loch etwas vergrößern. Tomaten würfeln, Zwiebel hacken und Feta in Stücke schneiden. Alles vermischen und kräftig mit Salz und Pfeffer würzen. Die Masse sollte leicht überwürzt werden, da das Zuviel an Würze in die Avocado zieht. Zusätzlich kann man auch Kräuter wie Rosmarin oder Basilikum untermischen. Die Füllung in die Avocado geben und alles indirekt grillen, bis sich die gesamte Masse gut erwärmt hat.

GEGRILLTE SCHWARZWURZELN MIT GESCHMOLZENEN TOMATEN

ZUTATEN

Schwarzwurzeln
Zitrone
Öl
Rispentomaten
Salz, Pfeffer

Schwarzwurzeln schälen, dabei am besten Einweghandschuhe tragen, da die Wurzeln einen klebrigen Saft enthalten, der schnell oxidiert. Die Wurzeln in Stücke von ca. 12 cm schneiden, in einen Topf geben und knapp mit Wasser bedecken. Die Schale von der Zitrone schneiden und mit ins Wasser geben. Maximal 10 Minuten kochen, anschließend abgießen und auf einem Tuch abdampfen lassen.

Die Schwarzwurzeln leicht mit Öl einstreichen und bei mittlerer Hitze grillen, bis sie leicht braun werden. Vor dem Servieren mit Salz und Pfeffer würzen. Die Tomaten am Stiel lassen und indirekt langsam auf dem Grill garen. Wenn die Tomaten sehr schrumpelig aussehen, sind sie perfekt und haben ein intensives Aroma.

DESSERT

»DESSERT VOM GRILL
IST DER HÖHEPUNKT.
DAMIT RECHNET KEINER.«

ESPRESSO-BANANEN

ZUTATEN

1 Banane
1 Rippe Espresso-schokolade

Banane der Länge nach aufschlitzen, aber nicht durchschneiden. In den Schlitz des Fruchtfleisches Schokostückchen stecken. Die gefüllte Banane auf dem Chari grillen, bis die Schokolade geschmolzen ist. Die fertige Banane am besten mit zwei Grillzangen vom Rost nehmen, damit die Schokolade nicht herausfließt.

SCHOKOKÜCHLEIN VOM GRILL

ZUTATEN

3 Eier
100 Gramm Mehl
150 Gramm Zucker
4 Eigelb
250 Gramm geraspelte Zartbitterschokolade
6–8 Rippen Schokolade

Die Zartbitterschokolade schmelzen. Dann die Eier, die Eigelbe und den Zucker schaumig schlagen. Langsam das Mehl hinzugeben. Die geschmolzene, leicht abgekühlte Schokolade unterrühren. In feuerfeste kleine Formen jeweils einen Schokoladenwürfel legen und die Teigmasse darüber verteilen.

Danach im Grill indirekt backen, bis das Küchlein oben schön fest geworden ist. Je nach Gartemperatur im Grill kann dies zwischen 10 und 15 Minuten dauern. Überprüfen ist hier leider schwierig, da der Kern ja flüssig bleiben soll. Aber wer das Rezept einmal ausprobiert hat, macht es beim nächsten Mal perfekt.

GEGRILLTE BACON-DATTELN

ZUTATEN

getrocknete Datteln ohne Stein
Bauchspeckstreifen
Zahnstocher

Die entsteinten Datteln in eine Scheibe Bacon wickeln, und alles mit einem Holzspieß fixieren. Direkt grillen, bis der Bacon eine schöne Farbe bekommen hat.

GEGRILLTE ANANAS

ZUTATEN

1 Ananas
Rohrzucker oder wahlweise
Kokosblütenzucker
Hanuta

Ananas in Scheiben schneiden und die Schnittflächen in Zucker wälzen. Auf dem Chari grillen, bis der Zucker karamelisiert. Während die Ananas gegrillt wird, die Hanutas direkt anrösten. Gut aufpassen, da die Waffel sehr schnell dunkel wird. Ananas zusammen mit den Hanutas servieren.

GEGRILLTE ORANGENSPALTEN

ZUTATEN

1 Orange
Rohrzucker

Die Orangen in Spalten schneiden, ohne die Schale zu entfernen. Die Spalten kurz in Rohrzucker wenden. Direkt grillen, bis der Zucker zu karamellisieren beginnt. Auf keinen Fall zu lange auf dem Grill lassen, da der Zucker bitter wird, wenn er verbrennt. Die Orangenspalten anschließend noch einen Moment indirekt garen, damit sie leicht zusammenschrumpeln. Das intensiviert den Geschmack.

GEGRILLTE MELONESPALTEN

ZUTATEN

1 Melone (z.B. Honig- oder Wassermelone)

Die Melone in Spalten schneiden. Diese ganz leicht mit Trennfett einsprühen und dann direkt auf den Grill legen. Nach kurzer Zeit wenden. Wenn beide Seiten ein schönes Muster aufweisen und leicht angegrillt sind, sind sie fertig. Vom Grill nehmen und ggf. vor dem Servieren noch in kleinere Stücke schneiden.

GEGRILLTER RHABARBER MIT ZITRONEN-THYMIAN-GLASUR

ZUTATEN

Rhabarber
Zitrone
Thymian
Agavendicksaft/
Agavensirup

Rhabarber in etwa fingerdicke Scheiben schneiden und auf Holzspieße stecken. Zitrone auspressen. Den Saft mit Agavensirup und Thymianblättchen mischen. Rhabarberspieße von beiden Seiten grillen und dabei mit der Glasur bestreichen.

GEGRILLTER GEWÜRZAPFEL

ZUTATEN je Apfel

(gut geeignet sind kräftige Sorten wie Boskop oder Gewürzluike)

Saft einer Zitrone
kleines Stück Ingwer, gehackt
Amarettini
Walnusskerne

Die Äpfel waschen, den Deckel abschneiden und das Kerngehäuse entfernen. Das Innere mit dem Saft der Zitrone beträufeln. Was man an Fruchtfleisch aus dem Inneren gewonnen hat, mit dem gehackten Ingwer vermischen und wieder in den Apfel füllen. Die Äpfel 15 Minuten vor dem Servieren grillen, bis sie anbräunen. Amarettini zerbröseln und kurz vor dem Servieren über die Äpfel streuen. Wer mag, fügt noch Walnusskerne hinzu.

Achtung

DANKE

Wenn man ein Buch schreibt, dann merkt man meistens erst gegen Ende, welche Leute einem ständig dabei helfen und wie sie einem den Rücken freihalten oder sich einbringen, ohne dass man sie immer direkt fragen muss. So ging es mir auch. In den vergangenen Wochen und Monaten haben sich wirklich viele Menschen für dieses Buch engagiert. All diesen Leuten möchte ich hier Danke sagen.

Zuerst meiner Familie, Dorit und Joko. Ihr seid ein echtes Geschenk. Danke für alles, was ihr in den letzten Monaten mitgetragen habt. Ihr habt oft unter meiner Abwesenheit gelitten und ich habe immer wieder wenig Zeit gehabt, weil ich das Buch voranbringen wollte. Danke, dass ihr mich dabei so unterstützt habt.

Dann meinen Freunden und Mitarbeitern. Liebes „Dän grillt"-Team. Viele Fotosessions, viel Arbeit, viel Anrichten. Es war immer wieder ein Spaß, aber es war vor allem auch Arbeit. Und ihr habt immer wieder neu mit angepackt. Besonders Helen, Manu, Luisa, Tom, Sammy und Paco. Ich danke euch. Ohne euch gäbe es das Buch nicht!

Lieber Andi. Du hast mit deinen Layout-Ideen und deiner Kreativität extrem viel bewirkt. Du begleitest „Dän grillt" von der grafischen Seite, seit wir losgelaufen sind. Bei ganz vielem wirkst du im Hintergrund mit und bringst deine Ideen ein. Du bist mit deinen Gedanken, deinem Rat – und das nicht nur in grafischen Dingen – eine absolute Bereicherung für mich und „Dän grillt". Dafür gilt es, ein riesengroßes Danke zu sagen.

Dann dem Hai, unserem Fotografen. Jedes Bild war ein Abenteuer. Es hat riesig Spaß gemacht und wir haben sicher einige Bilder geschossen, die wir am liebsten vergessen wollen. Aber am Ende steht dieses Buch als Ergebnis. Und die Bilder sind der Hammer. Danke.

Und schließlich gibt es ganz viele Menschen, die uns mit Produkten, Texten und vielem mehr unterstützt haben.

- South Side BBQ – allen voran Stefan Müller
- Samuel Rüger von MEGA Stuttgart
- Annette und Katja von der Metzgerei Frik
- Stefan Schulz vom Holzkohlewerk Lüneburg
- Thomas Brinkmann von BBQ-Scout
- Laszlo und Frank von Medes GmbH
- Marco Greulich von Don Marcos BBQ